MARCO CUETO

Casados y
felices

Si te casas... ¡sé feliz!

D1166975

Unilit

Publicado por
Unilit
Medley, FL 33166

© 2017 Editorial Unilit
Primera edición 2017

© 2016 por *Marco Cueto*
Edición: *Luis Manoukian y Nancy Pineda*
Diseño de cubierta e interior: *BGG Designs, www.bggdesigns7.com*
Diseño interior: *BGG Designs, www.bggdesigns7.com*

Producto: 495888
ISBN: 0-7899-2389-0 / 978-0-7899-2389-9

Categoría: Vida cristiana / Relaciones / Amor y matrimonio
Category: Christian Living / Relationships / Love & Marriage

Impreso en Colombia
Printed in Colombia

CONTENIDO

DEDICATORIA

Al Señor de mi vida, sin Él sería imposible hacer algo que valga la pena. Ha sido, es y será por siempre mi inspiración. A Blanca, que fue siempre mi ayuda y mi motivación. A mis hijos, que me hacen creer en mí. Y a todos ustedes que leen este libro, que me sirven de aliento para seguir esforzándome.

AGRADECIMIENTO

Agradezco primero a Dios por haber creído en mí. A Blanca que hizo posible esta hermosa experiencia. A mis hijos que me alientan constantemente. A los hermanos de mi congregación que son parte de mi vida. A mi secretaria Nayeli por toda su ayuda. Y a todos los que me han motivado, y no me gustaría olvidar algún nombre en este momento. A todos los que de una forma u otra han hecho posible que este libro sea una realidad y pueda ser de edificación a otros. Gracias.

¡Muchas gracias!

INTRODUCCIÓN

Quisiera contar el testimonio de la gracia y el favor de Dios que me ayudó a vivir una etapa hermosa de mi vida. Quiero que sepas, antes de empezar el relato de esta aventura, que no nací en un hogar de gran fe, no crecí con mi padre, ya que mis padres se separaron cuando yo tenía tres años. Tuve fracasos y me costó mucho salir adelante, pero conocer a Jesucristo y seguir su voluntad transformó mi vida. Puedo afirmar que se puede ser feliz y disfrutar la vida matrimonial de comienzo a fin. Además, quisiera que sepas cómo comenzar y cómo seguir a fin de poder disfrutar la vida junto a toda tu familia.

Conocí a mi esposa en Nueva Jersey mientras servía como líder de jóvenes de la Iglesia de la Calle 8 de Union City, Nueva Jersey. Ella era líder de jóvenes de la Iglesia Hispano Americana de Elizabeth, Nueva Jersey. Nos habíamos visto en una actividad de jóvenes. Después de un año, nos volvimos a ver en otra actividad y comenzamos una amistad. Sabíamos que no haríamos nada si no era la voluntad de Dios. Ambos servíamos al Señor y buscamos su voluntad antes de comenzar una relación de noviazgo. La iglesia de ambos se alegró cuando mostramos interés el uno por el otro, y ahí comenzó nuestro romance.

Nos casamos antes de cumplir un año de noviazgo. Fue una alegría enorme para todos y comenzamos nuestra aventura de pareja. Nuestra etapa de noviazgo fue corta, pero hermosa. Disfrutamos cada día. Cuando nos casamos, siguió nuestro noviazgo, aunque me di cuenta que entré a una etapa diferente y tenía que aprender a vivir como casado. Fue así que hice un pacto con Dios y le dije que me enseñara a ser hombre, esposo, padre y ministro siervo de Dios. Esto fue en abril de 1985.

Desde ese entonces, Dios se convirtió en mi confidente, mi mejor amigo y mi ayuda constante en todo aspecto. Tuve que recurrir siempre a Él, pues pasamos situaciones de toda índole. Puedo decir que mi pasión por Dios y el amor por mi esposa se acrecentaron. Disfrutaba todos los días de su presencia, su ayuda, sus sonrisas, su buen humor, la gracia y los dones que Dios puso en ella. Aprendimos a disfrutar todo lo que Dios nos daba día a día. Vivíamos confiados al saber que Dios era nuestro proveedor.

Tratábamos de hacer lo mejor posible en todo lo que Dios nos dijo sobre nuestra relación. Estuvimos casados por veintisiete años, y puedo decir delante de Dios que nuestro noviazgo nunca terminó desde que la conocí hasta el día que el Señor la llamó a su presencia. La amé con todo mi corazón. Me hizo vivir los momentos más hermosos de mi vida, así como etapas y retos que juntos afrontamos que derivaban en risas, sorpresas y aumentaron nuestra confianza en Él. Dios nos enseñó a cambiar los malos ratos por juegos en alegría, Dios nos enseñó a descansar en Él.

Cuando pasamos por la etapa de criar a nuestros hijos, fue una escuela constante. Recurríamos a Él constantemente para saber qué hacer. Dios siempre fue nuestro confidente, alcanzaba mirarnos para saber cuál era la respuesta. Nuestra confianza siempre estaba en Él. Confiábamos en sus promesas y en todo. A nuestros hijos les enseñamos a conocer a Dios, a su Salvador, y a saber que nuestra vida le pertenece a Él. Ahora, después de treinta años, puedo decir que valió la pena. Tengo unos hijos excelentes, todos con estudios superiores y todos sirven al Señor. Por eso puedo testificar que lo que Dios promete se cumple. No hemos pasado por nada diferente a lo que pasan todos, pero con la dirección y ayuda de Dios todo es posible.

Puedo recordar las palabras de aliento de ella, ya que era una de las que más se gozaba cuando me escuchaba predicar o dar conferencias sobre la familia. Recuerdo sus palabras cuando decía: «Marco es el premio de Dios para mi vida por servirle desde mi juventud». Yo puedo decir que Blanca fue el regalo más hermoso que Dios me dio. Algunas de las cosas que aprendí durante esos veintisiete años de casado con mi esposa son las que quiero mencionar porque creo que pueden ser de ayuda y de bendición para tu vida, pues a mí me sirvieron. Aunque Blanca ya está en la presencia del Señor, aun puedo decir que Dios es nuestra fortaleza y que en Él siempre tenemos la victoria.

Marco Cueto

PRIMERA SECCIÓN

Consideraciones
generales

ENTENDAMOS EL MATRIMONIO

EL MATRIMONIO NACE EN EL CORAZÓN DE DIOS

En el principio, Dios creó al hombre y a la mujer. Su propósito fue la familia, que hubiera descendencia. Si Dios no hubiera pensando en la familia, hubiera creado solo hombres o solo mujeres. Dios quería que hubiera muchos hijos semejantes a Jesucristo. Las palabras padre e hijo no existirían si Dios no hubiera pensado en la familia. Él tiene el concepto de familia desde que formó el mundo. Por eso, cuando hablamos de familia, tenemos que ir a la Palabra de Dios como nuestra fuente de conocimiento familiar, como nuestra fuente de enseñanza. Antes que Dios nos creara, Él ya había pensado en el matrimonio como lo verás en los siguientes versículos:

Y creó Dios al hombre a su imagen, a imagen de Dios lo creó; varón y hembra los creó.

Génesis 1:27

Y dijo Jehová Dios: No es bueno que el hombre esté solo; le haré ayuda idónea para él. Jehová Dios formó, pues, de la tierra

> *toda bestia del campo, y toda ave de los cielos, y las trajo a Adán para que viese cómo las había de llamar; y todo lo que Adán llamó a los animales vivientes, ese es su nombre. Y puso Adán nombre a toda bestia y ave de los cielos y a todo ganado del campo; mas para Adán no se halló ayuda idónea para él. Entonces Jehová Dios hizo caer sueño profundo sobre Adán, y mientras éste dormía, tomó una de sus costillas, y cerró la carne en su lugar. Y de la costilla que Jehová Dios tomó del hombre, hizo una mujer, y la trajo al hombre.*
>
> *Génesis 2:18-22*

Dios creó primero al hombre y después a la mujer. Su expresión cuando vio a Adán fue: «No es bueno que el hombre esté solo». Esto nos dice que antes que Dios creara al hombre ya había pensado en crear a la mujer. Cuando creó a los animales, los creó macho y hembra. Si Dios no hubiera querido tener una familia, no habría creado a la mujer. Ahora, Dios establece un principio y dice «no es bueno que el hombre esté solo». Quiero establecer este principio: La familia es algo bueno. Dios establece el matrimonio, y el matrimonio es bueno. El ser humano muchas veces, por su egoísmo, destruye su relación de pareja. Si tu matrimonio no es bueno, o si estás pasando turbulencias que se dan en la relación, eso no quiere decir que no sea bueno tu matrimonio. Significa que algo no se está haciendo de manera adecuada, que no estás haciendo lo que debes hacer.

Sin embargo, estar casado es bueno. Una vez casados, ambos deben aprender a vivir como casados. Uno puede dañar cualquier producto que sea bueno. A veces uno cree que está haciendo todo bien, pues tiene buenas intenciones, pero lo está haciendo mal.

Tal vez estés haciendo bien algunas cosas, y no te das cuenta de lo que no estás haciendo bien. Que nosotros creamos lo que es bueno y lo que es malo no nos garantiza que nos vaya bien, porque podemos estar equivocados. De ahí que es necesario hacer lo que Dios estableció para el matrimonio. Dios no se compromete con lo que tú crees, sino que se compromete con su Palabra. Si quieres tener la razón, debes estar en concordancia con la Palabra de Dios.

Muchas veces uno daña la relación por no tener conocimiento de los principios de Dios. El matrimonio siempre es bueno. Dios lo creó para que lo disfrutemos, no para que suframos. Si tu matrimonio no anda bien no es culpa de Dios, ya que Él quiere que te vaya bien.

LA FAMILIA

Por lo general, la familia se constituye por el padre, la madre y los hijos. Existen familias extendidas, ya sea por adopción, convivencia o personas que llevan la misma sangre, etc., pero quiero referirme al núcleo familiar usual.

En el núcleo familiar no se consideran los suegros, aunque en ciertas ocasiones es necesario abarcarlos y que vivan bajo el mismo techo. Aun así, esto no debe afectar tu relación de pareja y con los hijos. A los padres siempre se les tiene que honrar, pero cuando te casas, solo Dios dirige tu matrimonio. Primero está tu cónyuge y tus hijos, y en eso tiene que estar claro el matrimonio porque algunos arrastran la idea de que primero está la madre y eso causa bastantes problemas. Lo cierto es que el Señor dijo: «Por lo tanto, dejará el hombre a su padre y a su madre, y se unirá a su mujer, y serán una sola carne» (Génesis 2:24-25). Esto es un fundamento para la familia, y si tú no lo haces tu fundamento, estarás fuera del contexto bíblico que da resultado.

Esto es clave, el hombre debe entender que aunque es hijo, ahora primero es esposo y cabeza. Dios asigna los papeles y hace esa separación cuando comienza el matrimonio. En una nueva familia, solo la pareja tiene la responsabilidad de su futuro, y su bienestar depende de seguir las instrucciones de Dios. Ahora bien, cuando la madre o el padre de alguno de los cónyuges tienen una necesidad, hay que ayudarlos al buscar una solución de mutuo acuerdo y sin arriesgar la relación como pareja. Así que, se deben ayudar. La Biblia dice: «Honra a tu padre y a tu madre». Esto significa darles reconocimiento por todo lo que han hecho por uno. Haz lo adecuado para que te vaya bien, y no te quejes. Respeta a tus padres y a los padres de tu cónyuge de la misma manera que te gustaría que te respeten a ti estando en su condición.

EL MATRIMONIO

El matrimonio es una relación de pacto entre un hombre, una mujer y Dios, donde los esposos se comprometen a vivir juntos para toda la vida. Dios quiere acompañarte para asegurarse que te vaya bien. En el pacto, Dios asume su responsabilidad en tu matrimonio si haces su voluntad.

- El pacto en el matrimonio es un compromiso inquebrantable de una relación entre tres: Dios, el hombre y la mujer. En el pacto hay un compromiso que deben cumplir las partes. Es de mutuo acuerdo y de por vida. La relación de la pareja es diaria y evoluciona en la parte física, emocional y espiritual, y requiere una ayuda personalizada. Aprender a vivir juntos no es fácil, y si se descuida la relación con Dios, los problemas se agudizan y pueden generar la separación y el divorcio: «Él les dijo: Por la dureza de vuestro corazón Moisés os permitió repudiar a vuestras mujeres; mas al principio no fue así»

(Mateo 19:8).

¿Cómo se llega al divorcio? Por descuido de la relación con Dios, ya sea de una o ambas partes. Entonces, el corazón se endurece y la relación se torna incontrolable.

Dios es claro y nos da las instrucciones para la relación de amor en el matrimonio. Debemos amar a nuestra pareja como lo hizo Cristo con su Iglesia. Una esposa fiel valora al esposo y corresponde a ese amor. Un esposo amoroso inicia la relación dando, enamora, promete y se compromete. No es la mujer la que convence al marido, lo maneja con astucia ni manipula la relación. El corazón del marido anhela darle lo mejor a su familia y también entiende que la crianza de los hijos se tiene que respaldar con el ejemplo. La crianza es un período en la vida, pero el matrimonio es para toda la vida mientras ambos vivan. Lo mejor que puedes hacer por tus hijos es tener un matrimonio estable y feliz.

EL MATRIMONIO SE BASA EN UN PACTO

El matrimonio feliz no es asunto de gente perfecta o exitosa. Quizá no lleguemos a ser perfectos, pero podemos ser felices en el proceso. Al ser fieles al pacto, obedecemos a Dios en toda circunstancia porque, insisto, el matrimonio es un pacto entre tres: Dios, el hombre y la mujer. Pudiéramos decir que es un pacto divino/humano.

Mas diréis: ¿Por qué? Porque Jehová ha atestiguado entre ti y la mujer de tu juventud, contra la cual has sido desleal, siendo ella tu compañera, y la mujer de tu pacto.

Malaquías 2:14

La cual abandona al compañero de su juventud, y se olvida del pacto de su Dios.

Proverbios 2:17

Este pacto divino humano (matrimonio) es un «compromiso con Dios». Determina una relación con el cónyuge y proyecta una relación con la comunidad que la bendice o la perjudica. Además, el matrimonio es una experiencia que se vive. Por eso es que no podemos cerrar el matrimonio dentro de un contrato, porque en el desarrollo de esta relación surgen muchas circunstancias que no podemos definirlas con anterioridad. En esos momentos es cuando nos damos cuenta de nuestras limitaciones para manejar o solucionar los problemas.

Hay muchos que poseen lindos conceptos del matrimonio y tal vez se nutran a través de estudios, consejos familiares, psicólogos, terapeutas familiares, etc. Se trata de personas con estudio, con un coeficiente de inteligencia muy alto, quizá con mucho dinero. Sin embargo, sus vidas matrimoniales son un desastre porque todo lo anterior puede ayudar, pero no garantiza nada. De seguro que tenemos que aprender a vivir juntos y tener una guía que dirija nuestro hogar. Esta guía, por supuesto, es Dios, el que en su sabiduría instituyó el matrimonio. Es el único que de veras puede hacer ver nuestros errores y cambiarnos conforme a su voluntad. No conforme al capricho o voluntad del ser humano. Por eso es que por mucho que traten algunos de cambiar a su pareja, no lo logran, se cansan de intentarlo y terminan cambiando de pareja.

¿Somos todos diferentes? Sí, cada matrimonio es diferente, por eso necesitamos una ayuda personalizada que solo Dios nos la puede dar. Dios nos dio las normas, y cuando surgen las complicaciones, nos puede ayudar de manera personal.

Lo mejor que puedes hacer es tomar la mano de tu pareja y juntos pedirle al Señor que los guíe en el hogar. Pídanle ayuda, así que no se sorprendan si Dios les responde con prontitud.

EL PACTO CON DIOS ES MÁS QUE UN CONTRATO

- Es una relación oficial, regulado por la ley espiritual y humana (reconocida, establecida).
- Es emocional (los dos serán uno).
- Es divina (depende de Dios). Hay una interrelación.
- Es inquebrantable (para siempre. Dios los une, los pactos con Dios son de por vida).
- Se fortalece en el amor (incondicional, el cual debe crecer y madurar) y el respeto.
- Es un contrato con privilegios y responsabilidades. Se puede romper por incumplimiento.
- Ejemplos de pacto: Dios e Israel.

Y te desposaré conmigo para siempre; te desposaré conmigo en justicia, juicio, benignidad y misericordia. Y te desposaré conmigo en fidelidad, y conocerás a Jehová.

Oseas 2:19-20

JESUCRISTO Y SU IGLESIA (NUEVO PACTO)

Maridos, amad a vuestras mujeres, así como Cristo amó a la iglesia, y se entregó a sí mismo por ella.

Efesios 5:25

Como notarás, el matrimonio nace en el corazón de Dios.

2

EL PROPÓSITO
DEL MATRIMONIO

¿PARA QUÉ DIOS CREÓ EL MATRIMONIO?

Si analizamos esta pregunta, vemos una serie de aspectos de gran importancia por los cuales Dios creó el matrimonio:

1. COMPAÑÍA

Cuando Dios miró al hombre dijo: «No es bueno que el hombre esté solo». Quiere decir que la soledad para el hombre no es buena. Entonces, esto nos dice el texto bíblico de inmediato: Dios hizo a la pareja y formó una familia para que tuvieran compañía.

¿Quién es tu mejor amigo o amiga? Cuando tienes problemas, ¿prefieres resolverlos con tus amistades o con tu cónyuge? Dios hizo el matrimonio con el propósito que hubiera amistad, que estuvieran juntos. Tu mejor amigo tiene que ser tu pareja, esto no quiere decir que no tengas amigos, pero el lugar de mejor amigo ya está ocupado.

¿Por qué era peligroso que el hombre estuviera solo? Porque no iba a tener descendencia, porque no iba a tener con quien relacionarse. No tendría a quién contarle sus sueños, sus necesidades, sus anhelos, sus dolores, sus lágrimas, sus deseos. Por eso es muy importante apreciar y valorar a tu pareja. Si le contaras tus debilidades, sueños y demás a otra persona, te juzgaría de otra manera, pero tu mujer no te juzga, te tiene paciencia, porque ella te quiere y te consiente. Lo cierto es que solo tu pareja es capaz de entenderte y aceptarte como eres. Hay cosas que otra gente podría entender, pero hasta cierto punto, porque no han vivido contigo, no conoce tu vida, no conoce tu situación, no sabe en realidad quién eres. La intimidad que existe en una relación de pareja solo la conoce tu pareja, nadie más. Así que hay que apreciar y valorar eso porque solo tu mujer te tolera y te soporta, todo en un amor sano y verdadero. Si valoramos más esta relación, obtendremos mejores beneficios. Por eso Dios dice que no es bueno que el hombre esté solo. Y no se refiere a lo relacionado con el acto sexual, sino con el aspecto emocional. El hombre tiene necesidades que solo una mujer puede ayudarlo y viceversa.

Esto involucra la relación sexual, por supuesto, pero va más allá, es cuestión de género. Por eso Dios no creó otro hombre, porque tendría ahora dos hombres con necesidades. Tenía que ser una mujer con características diferentes. Es importante que cuides tu relación, que la nutras constantemente para que tengas siempre recursos para afrontar cualquier situación. Protege, alimenta y haz que tu pareja llegue a ser tu mejor amiga, confidente, consejera. A fin de cuentas, ¿con quién vas a vivir todos los días de tu vida? Es mejor establecer una buena relación, pero para eso hay que ocuparse y esa es nuestra responsabilidad. Cuando uno se casa, todos los padres, primos y amigos pasan a un segundo plano. El primer lugar es para la esposa y los hijos, porque Dios los creó para que tuvieran compañía y disfrutaran de toda su creación.

2. AYUDA

De solteros pensamos que casarse es lo ideal; después que nos casamos nos damos cuenta de la realidad. Tu esposo no es perfecto ni tu esposa tampoco, pero Dios ya lo sabía. Dios, al ver la necesidad del hombre, creó a la mujer como la mejor ayuda idónea que podía recibir. Entonces, el hombre es el complemento de la mujer. Ambos se complementan humanamente porque la ayuda perfecta es Dios.

Y dijo Jehová Dios: No es bueno que el hombre esté solo; le haré ayuda idónea para él.

Génesis 2:18

Ayuda es ofrecer todo lo que tienes para provecho de tu pareja. Unir tus fuerzas, trabajo, tiempo, ideas, inteligencia, ánimo y educación para que la otra persona crezca o alcance su objetivo. ¿Qué haces para que tu pareja crezca? Si tu esposo tiene situaciones difíciles, ¿qué haces para animarlo? Si no alcanza el presupuesto, ¿qué tienes que hacer? Si no le alcanza el tiempo para cocinar, ¿qué debes hacer? Tanto en lo emocional, como en lo material, debemos contribuir al beneficio mutuo.

Hay gente que no quiere ayudar ni a su propia pareja. No comprende que lo que haga a su pareja se lo hace a sí mismo (los dos son una sola carne). Otros tiene temor de que su pareja crezca, se vea mejor, se eduque, se vista bien o se vea bien, de que gane más dinero. La pareja es para que se ayuden mutuamente. Cuanto más crece uno, también crece el otro. No ayudar es desobedecer a lo establecido por Dios.

Ya intentamos dejar en claro lo que es la familia. Dios se comprometió a ayudarnos, ¿estás tú comprometido a ayudar a tu pareja en todos los aspectos, comenzando con lo espiritual, lo personal, los hijos, las labores domésticas, el dinero, etc.?

¿Cómo enseñas a tus hijos a ser condescendientes, amorosos, si no le das tu ejemplo de ayuda?

El matrimonio es para darse el uno al otro, para que sean de ayuda mutua, de los dos lados. La Biblia establece principios básicos para el hogar. La responsabilidad clave de la mujer es ser ayuda idónea; y la del hombre es ser cabeza del hogar. Ambos deben trabajar para ser felices y ejemplo en todo. El hombre es el primer responsable de dar el ejemplo. No le quites la responsabilidad al hombre, sino ayúdalo a que la asuma.

Dios dice que la mujer es ayuda idónea del marido (ayuda adecuada). No significa que sea de mayor o menor valor, sino más bien de orden. Hay parejas que han invertido los papeles. Los hombres pasan a ser la ayuda idónea de ellas. Los papeles deben ser bien claros. Ser hombre no significa ser machista. Por el contrario, es amar y servir hasta la muerte. Hay mujeres a las que les gusta llevar los pantalones. Si alteras el orden de Dios, alterarás tu vida, tu forma de vida, tu familia, y establecerás futuros problemas en tu hogar. Cuando cada uno se ubica en su papel, no altera el orden de Dios. Él quiere nuestro bien porque es bueno, pero si no lo seguimos, de seguro que tendremos problemas.

Es verdad también que cuando el hombre no asume su papel, la mujer tiene que hacerlo. De lo contrario, siente que su hogar se cae. ¡Mis reconocimientos a esas mujeres valientes! En cambio, esto traerá problemas en el hogar, con los hijos y en la sociedad. Necesidad es el resultado de no practicar las enseñanzas de Dios. Cuando la mujer es ayuda y no sustituto del marido, hace lo adecuado y Dios honrará su trabajo. No te canses de hacer lo bueno, Dios te honrará.

3. ADMINISTRAR

Dios nos dio habilidades, dones, inteligencia, razonamiento para poder tomar decisiones. Nuestra vida es el resultado de nuestras decisiones, por eso es importante administrar bien el tiempo, el dinero, el trabajo, los talentos, etc. Si hacemos lo bueno, Dios obrará en nuestro favor. Dios nos dio la oportunidad de administrar nuestra vida.

> *Y creó Dios al hombre a su imagen, a imagen de Dios lo creó; varón y hembra los creó. Y los bendijo Dios, y les dijo: Fructificad y multiplicaos; llenad la tierra, y sojuzgadla, y señoread en los peces del mar, en las aves de los cielos, y en todas las bestias que se mueven sobre la tierra.*
>
> *Génesis 1:27-28*

Esto posee el propósito de sacar los mayores beneficios de su creación para nuestras vidas. Dios nos ha dado recursos para que logremos el mayor provecho. Nos ha provisto de dones y talentos natos, y otros que necesitamos aprender y desarrollarlos para hacer nuestra labor. Para lograr lo que uno quiere, necesita un plan de trabajo. Por ejemplo, si quieres que tus hijos estudien, ¿qué harás para que lo hagan? Motivarlos a estudiar. El estudio es disciplina y muchos no estudian porque no les gusta el sacrificio que esto requiere. Si quieres que tus hijos estudien, tienes que enseñarles a ser organizados, constantes. Eso los ayudará a alcanzar sus metas. Planifica cómo lograr tus metas, muévete, no pretendas que caigan por sí solas. La Palabra de Dios nos dice que todo lo que sembremos, eso segaremos. No pretendas ver frutos en tu vida donde no sembraste, aplícalo a tu hogar, tu relación de pareja, con tus hijos, tu trabajo, finanzas, etc. Dios te ha dado la capacidad para que administres bien tu hogar... ¡hazlo!

4. PRODUCCIÓN Y DELEITE

Sea bendito tu manantial, y alégrate con la mujer de tu juventud, Como cierva amada y graciosa gacela. Sus caricias te satisfagan en todo tiempo, y en su amor recréate siempre.

Proverbios 5:18-19

Cuando Dios nos dice que nos multipliquemos, nos declara su voluntad y propósito: tener hijos no es una elección, sí lo es la cantidad. No te puedes multiplicar si no tienes hijos, a no ser que no puedas, y esa ya no sería tu decisión. Por otro lado, Dios dejó a tu decisión cuántos hijos tener.

Dios no les permitió a algunos tener hijos. Entonces, en la reproducción primero interviene la voluntad de Dios y luego la del ser humano.

Los cuales no son engendrados de sangre, ni de voluntad de carne, ni de voluntad de varón, sino de Dios.

Juan 1:13

El hombre toma decisiones como parte de su administración. La reproducción no es casualidad que sea a través del acto sexual. El acto sexual es uno de los mayores placeres del ser humano. Es para disfrutarlo con tu pareja y trae unidad. Es para que disfrutes de tus hijos y disfrutes la vida de familia.

5. INSTRUCCIONES A LAS NUEVAS GENERACIONES

Y no emparentarás con ellas; no darás tu hija a su hijo, ni tomarás a su hija para tu hijo. Porque desviará a tu hijo de en pos de mí, y servirán a dioses ajenos; y el furor de Jehová se encenderá sobre vosotros, y te destruirá pronto.

Deuteronomio 7:3-4

¿Tu hogar sirve y honra a Dios? A nosotros nos crearon para servir y honrar a Dios. Entonces, es necesario aprender lo que Él quiere. Es necesario que les enseñemos a nuestros hijos el temor de Dios, que lo conozcan, que entiendan cómo piensa Él. Dios quiere lo mejor para nosotros, pero si no vives conforme a su voluntad, quieras o no pagarás las consecuencias, pues apartarte de la voluntad de Dios implica castigo.

Cuando Dios estableció el universo, también estableció lo bueno y lo malo. La regla ya está puesta y nosotros no podemos cambiarla ni alterarla. Eso está establecido por la eternidad. Entonces, si no vives lo establecido por Dios, sufrirás las consecuencias. Puedes hacer tu voluntad, pero si no haces lo que Dios estableció, sufrirás las consecuencias.

Ahora, aplica esto a tu casa como cónyuge, hijo, etc. Dios no lo hizo para castigarte. Dios hizo las reglas justas y buenas para que todo el mundo haga lo que es bueno y justo. Su voluntad es agradable y perfecta. Si haces lo bueno, la promesa es que Dios te va a respaldar. Él es justo. Lo que establece es contigo, conmigo, con todas las generaciones pasadas, presentes y venideras, y de la misma manera. Haz la voluntad de Dios para hacer lo bueno. Dios no se equivoca. Dios es bueno y nos ama mucho y quiere lo mejor para nosotros. Enseña y establece la voluntad de Dios en tu casa. ¿Por qué lo hago? Porque Dios lo dijo. Respeta la voluntad de Dios y te irá bien. Garantizamos que a nuestros hijos les irá bien, y a nosotros también, si hacemos lo que dice Dios.

Y estas palabras que yo te mando hoy, estarán sobre tu corazón;
y las repetirás a tus hijos, y hablarás de ellas estando en tu casa,
y andando por el camino, y al acostarte, y cuando te levantes. Y
las atarás como una señal en tu mano, y estarán como frontales
entre tus ojos.

Deuteronomio 6:6-8

Tienes que establecer la Palabra en tu casa, en tu vida y familia. Esto demanda una responsabilidad, ¡aprender la voluntad de Dios! Cuando traes a tu familia a la iglesia, haces bien porque estás siendo responsable y no todo el mundo hace eso. Primero, tienes que aprender la voluntad de Dios, establecerla en tu vida y en tu familia, y entonces, sabrás qué hacer ante cada situación. Antes de tomar una decisión, piensa si eso le agradaría a Dios. El pecado del hombre comienza con la rebeldía, con hacer lo que se le da la gana.

El hogar debe ser el centro de formación familiar.

Entonces dirás a tu hijo: Nosotros éramos siervos de Faraón en
Egipto, y Jehová nos sacó de Egipto con mano poderosa.

Deuteronomio 6:21

No te olvides de recordarles a tus hijos las bondades de Dios y mantendrás un corazón agradecido para seguir recibiendo más bendiciones, provocando así una relación de deleite constante.

6. DISFRUTAR SU PRESENCIA

Y dijo Jehová Dios: He aquí el hombre es como uno de nosotros,
sabiendo el bien y el mal; ahora, pues, que no alargue su mano, y
tome también del árbol de la vida, y coma, y viva para siempre.
Y lo sacó Jehová del huerto del Edén, para que labrase la tierra de
que fue tomado. Echó, pues, fuera al hombre, y puso al oriente del
huerto de Edén querubines, y una espada encendida que se revol-
vía por todos lados, para guardar el camino del árbol de la vida.

Génesis 3:22-24

LA DESOBEDIENCIA DESTRUYÓ UNA RELACIÓN.

Dios creó a Adán y Eva pensando tener una relación personal con ellos. Dios quería que el ser humano se deleitara en Él y viceversa. Si algo de la creación de Dios lo representara mejor, es la pareja (el hombre y la mujer). Por eso Dios nos habla de su amor, de su corazón, de su voluntad, de su pueblo como la niña de sus ojos. El deseo de Dios es tener una relación con el ser humano, como antes que entrara el pecado. Por eso es que ahora con Cristo se restablece nuestra relación al considerar que la sangre de Cristo nos limpia de todo pecado, de ahí que esta relación se convierta de nuevo en plena y eterna.

Y sabemos que la restauración total será cuando este mundo sea libre de pecado, pero ahora tenemos acceso al Padre por medio de Jesucristo. Como pareja, ya no caminamos en nuestras desobediencias. Ahora Cristo nos ayuda y nos promete que todo lo podemos porque Él nos fortalece. Lo que es más, con Cristo tenemos favor, gracia y misericordia que va más allá del cumplimiento del deber. Dios nos promete su presencia. Aun cuando fallamos, podemos venir a Él y será pronto y misericordioso para perdonarnos y ayudarnos.

Dios sabe que en esta tierra nuestra vida está propensa a la contaminación. Por eso nos ha dado autoridad sobre todas las cosas para vencer, a la vez que nos ofrece su poder para guardarnos sin mancha y sin caída hasta el día de su venida. Dios Padre restableció nuestra relación con Él a través de Jesucristo para que podamos disfrutar de su presencia.

Los planes de Dios para nosotros son buenos, los podemos disfrutar aquí en la tierra, y como todo lo que existe es de Dios, Él nos lo puede dar. Hagamos su voluntad y disfrutemos la vida en familia.

3

EL ORIGEN DEL PROBLEMA FAMILIAR

CÓMO COMIENZA EL PROBLEMA EN LA FAMILIA Y CÓMO SOLUCIONARLO

Es importante conocer nuestros errores para no volverlos a cometer. La madurez es reconocer nuestros errores y tomar medidas para corregirlos.

LA DESOBEDIENCIA

La pregunta que muchos se hacen es: ¿Por qué si Dios creó a la familia para que sea feliz muchas veces la realidad es otra? El origen de los problemas familiares se encuentra en la desobediencia al violar las leyes que Dios nos dio para que se practiquen en la familia.

A veces mis propias reglas me parecen buenas y justas, pero en la opinión del cónyuge no. La mujer piensa diferente al hombre, ve la vida de distinta manera. Querer que ella piense igual que él es imposible. Somos diferentes, pensamos diferente y nos complementamos.

Debemos aceptar que nuestra unión suma y no me resta. Respetar y reconocernos el uno al otro es toda una escuela de vida. Si decidimos tomar en cuenta a Dios, será más fácil, y no sufriremos las consecuencias de la ignorancia. Que estemos de acuerdo no significa que hagamos lo bueno. La manera de saber si hacemos lo bueno es viendo si lo que se ha determinado no viola la voluntad de Dios, porque de ser así, sufriremos las consecuencias negativas en el matrimonio presente, y también más adelante en nuestra descendencia. La voluntad de Dios determina las reglas de conducta en un matrimonio.

Adán y Eva estuvieron de acuerdo en comer del fruto prohibido y no hicieron lo bueno.

Es de suma importancia, de vida o muerte, aprender cuál es la voluntad de Dios en nuestro matrimonio. Vivir la voluntad de Dios regula todas las esferas de nuestra vida, de tal manera que si la cumplimos, viviremos en paz y felices. Esto es posible debido a que Dios se compromete a proveernos todo lo necesario y más, a fin de que vivamos en plena dicha aquí en la tierra y también en el cielo.

El primer matrimonio fue feliz hasta que incurrió en desobediencia. De esta manera, este pecado afectaría a toda la humanidad. Cuando se quebrantó la voluntad divina, surgieron los grandes problemas familiares, comenzando por perder la comunión con Dios. La Biblia está llena de ejemplos de cómo el pecado ha destruido la relación de muchas parejas y familias.

Por tanto, dejará el hombre a su padre y a su madre, y se unirá a su mujer, y serán una sola carne. Y estaban ambos desnudos, Adán y su mujer, y no se avergonzaban. Pero la serpiente era astuta, más que todos los animales del campo que Jehová Dios había hecho; la cual dijo a la mujer: ¿Conque Dios os ha dicho: No comáis de todo árbol del huerto? Y la mujer respondió a la serpiente: Del fruto de los árboles del huerto podemos comer; pero del fruto del árbol que está en medio del huerto dijo Dios: No comeréis de él, ni le tocaréis, para que no muráis. Entonces la serpiente dijo a la mujer: No moriréis; sino que sabe Dios que el día que comáis de él, serán abiertos vuestros ojos, y seréis como Dios, sabiendo el bien y el mal. Y vio la mujer que el árbol era bueno para comer, y que era agradable a los ojos, y

árbol codiciable para alcanzar la sabiduría; y tomó de su fruto,
y comió; y dio también a su marido, el cual comió así como ella.

Génesis 2:24—3:6

Adán y Eva no tenían suegros y el Señor les dijo: «Por tanto, dejará el hombre a su padre y a su madre». Si no tenían suegros, ¿por qué es lo primero que les dice a este matrimonio? Porque Dios deja en claro cómo establecer un matrimonio. Cuando uno se casa, la relación con sus padres debe cambiar porque uno comienza otra familia. Ahora ambos deben seguir la guía de Dios. El problema de Adán y Eva, en cambio, fue la desobediencia a Dios.

El enemigo del matrimonio es el diablo (representado como serpiente). Desde el comienzo, convenció a Eva, y ella convenció a Adán. El diablo no fue con Adán, aunque su objetivo también era Adán. Sin embargo, bien sabía que la mujer era la ayuda del hombre y esta podía influir en él, ya sea para bien o para mal. Si se lo propone, toda mujer convence al hombre, como sucedió con Sansón y Dalila.

Cuando la serpiente tentó a Eva, Adán estaba en otro asunto. Esto nos dice que si no hay un hombre en casa, el enemigo puede darse banquete. Adán descuidó su casa y los resultados le trajeron problemas a todo su hogar, y eso lo vemos con sus primeros hijos Caín y Abel. Si Eva hubiera preguntado antes de tomar decisiones, hubiera sido distinto.

La primera responsabilidad del hombre es obedecer a Dios, ahí está la clave. Por lo general, el enemigo convence con más facilidad a la mujer. El hombre es más cabeza dura, pero es más fácil que se deje convencer por la mujer. Cuando el diablo quiere atacar a una familia, ya sabe dónde comenzar el ataque. A veces la mujer tiene más iniciativa que el hombre y entonces ella toma la delantera. Cuando Sansón cayó, fue por una mujer. De nada le sirvió en ese momento su tremenda fuerza.

No se trata de descalificar a la mujer, sino de exponer las artimañas del diablo. Existen tanto mujeres flojas como hombres flojos; y mujeres fuertes como hombres fuertes. Solo determina quién quieres ser y conoce cómo trabaja el enemigo. No seas insensible, pero tampoco te dejes convencer. Antes de tomar una decisión, asegúrate que es la voluntad de Dios. Si te conoces, puedes obrar para bien o para mal. Como la mujer tiene mayor influencia sobre el hombre, lo puede usar para bien. El matrimonio es personal, y el Señor les dijo a Adán y Eva que dejaran a su padre y a su madre para vivir solos. Aunque no tenían suegros, Dios dejaba establecido una norma de convivencia. Los problemas son tuyos y de tu pareja, así que se tienen que resolver entre tú y tu pareja, y nadie más.

No vayas al vecino ni a la comadre a comentarle tus problemas de pareja. El problema matrimonial es de ustedes dos. El matrimonio es personal, íntimo, es de pareja, y tienen que saber enfrentar y afrontar sus problemas entre sí con la ayuda de Dios. Primero, busca a Dios.

Ten siempre presente que el Señor estableció que el matrimonio es una relación de tres. En el matrimonio no entra la familia, los amigos, los compadres, sino solo entra Dios y nadie más. El éxito de tu relación matrimonial depende de tu relación con Dios. Si el matrimonio está bien o está mal, depende mucho de nuestra relación con Dios. Si el hombre se descuida y el diablo viene a tentar a la mujer, la mujer debe hablar primero con Dios y después con el marido. Así evitará muchos problemas con su esposo.

A veces, el marido es el último en enterarse, todos lo saben, menos el marido. La relación con Dios es la clave de un matrimonio feliz, así que eso no se puede descuidar. No busques que te resuelvan el problema por otro lado, sino busca a Dios. El hecho de que no anden pecando no quiere decir que estén bien con Dios. Que asistas a la iglesia o sirvas en algún lugar no quiere decir que estés bien con Dios. Eso está bien, pero Dios desea una relación personal contigo, quiere deleitarse contigo y que tú te deleites en Él. No descuides tu relación con Dios, no descuides tu intimidad con Dios, tu cercanía con Dios, tus momentos a solas con Él son muy importantes.

En el matrimonio hay diferentes tiempos, algunos buenos y otros malos, pero podrás tener tu matrimonio bien a flote si mantienes una buena relación con Dios. No te olvides que tu enemigo quiere que pierdas esa relación haciendo que desobedezcas a lo establecido por Dios.

COMIENZAN LOS PROBLEMAS SIN RESOLVER

Los problemas comienzan cuando una persona no toma en cuenta a Dios. Observa con detenimiento lo que sucede en este pasaje:

> *Mas Jehová Dios llamó al hombre, y le dijo: ¿Dónde estás tú?*
> *Y él respondió: Oí tu voz en el huerto, y tuve miedo, porque*
> *estaba desnudo; y me escondí. Y Dios le dijo: ¿Quién te enseñó*
> *que estabas desnudo? ¿Has comido del árbol de que yo te mandé*
> *no comieses? Y el hombre respondió: La mujer que me diste por*
> *compañera me dio del árbol, y yo comí. Entonces Jehová Dios*
> *dijo a la mujer: ¿Qué es lo que has hecho? Y dijo la mujer: La*
> *serpiente me engañó, y comí.*
>
> *Génesis 3:9-13*

Desobediencia. Descuido de su pacto, primera pelea en el matrimonio, aquí comienza el problema familiar.

Este pasaje nos habla de algo muy común en estos días. Muchos matrimonios viven de espaldas a Dios, por eso se pierden. Lo lamentable es que este problema lo vemos en toda la sociedad. Entonces, Dios tiene que preguntarles lo mismo que a Adán: «¿Dónde estás?». No porque Dios no supiera dónde estaba, sino que Adán era el que no se daba cuenta de que se había perdido. Dios sabía dónde estaba Adán, pero cuando se hace lo contrario a lo que Dios dice, nos extraviamos y comenzamos a hacer lo que no conviene. Al principio, nada es muy serio, no se ven grandes problemas, pero luego se agrava. La situación se reitera, la relación se afecta, comienza con golpes y luego se destruye.

¿Dónde estás? ¿Quién te está enseñando? ¿A quién estás escuchando? ¿Cambias a tu Maestro, tu guía, por lo que alguien te dice, por tus razonamientos, por lo que leíste en Facebook, lo que te dicen tus «amigos», etc., escondiendo tus faltas y lleno de temores? ¿Dónde estás?

¿Podía Dios ver la desnudez de Adán aunque este se hubiera puesto diez mudas de ropa? ¿Podía Adán esconderse de veras de Dios? ¿Por qué se escondió? Ya sea al pecar o al pasar por alto las reglas de Dios por ignorancia o desobediencia, esto te lleva a un terreno en el que no puedes ver con claridad ni razonar como es debido. Te trae ceguera espiritual. Cuando tienes problemas en casa, es porque has descuidado tu relación con Dios. Por eso es que la reacción de Adán no fue reconocer su error y pedir perdón, sino que miró su desnudez (miró su carne) y se escondió.

Cuando hay situaciones difíciles y no tenemos una buena relación con Dios, tratamos de resolver todo por nuestros propios medios. Así que quizá le echemos la culpa a otro porque no sabemos cómo solucionar el problema. Muchas veces, en vez de resolver la situación, la empeoramos. De modo que esto va dejando huellas que poco a poco destruyen nuestro hogar y puede llegar hasta el divorcio. La Biblia nos dice que el divorcio es por la dureza del corazón. ¿Y cómo llegas a esos extremos? Por el descuido de tu relación con Dios.

Él les dijo: Por la dureza de vuestro corazón Moisés os permitió repudiar a vuestras mujeres; mas al principio no fue así.

Mateo 19:8

El matrimonio es un camino hermoso, lleno de situaciones agradables, divertidas, gratificantes, con oportunidades para desarrollarte como individuo y proyectarte aún más a través de tu pareja. En el camino encontrarás situaciones agradables y también difíciles, donde Dios quiere acompañarte para que siempre te vaya bien.

Debemos entender también que nuestro Dios es amor y misericordia, y que no tiene límites ni conoce lo imposible. No hay nada que no pueda hacer, pues todo lo puede. No solo puede reparar lo torcido, sino hacerlo nuevo, si se lo permitimos.

Cuando Adán y Eva desobedecieron, comenzaron a echarse la culpa el uno al otro. Lo mismo sucede hoy, decimos que es por culpa de su carácter, del dinero, de sus costumbres, que no entiende, etc. Cada uno cree tener la razón y es posible que alguno la tenga, pero lo cierto es que ninguno de los dos está poniendo atención a lo que dice Dios. Si alguno estuviera obedeciendo a Dios, no habría discusión y Él honraría al que hace su voluntad. Dios honra al que lo honra y también trata a los desobedientes.

Por la misericordia de Jehová no hemos sido consumidos, porque nunca decayeron sus misericordias. Nuevas son cada mañana; grande es tu fidelidad. Mi porción es Jehová, dijo mi alma; por tanto, en él esperaré. Bueno es Jehová a los que en él esperan, al alma que le busca.

Lamentaciones 3:22-25

CONVIVIR SIN CASARSE

Algo muy común en estos tiempos es no casarse ante la ley, y por lo tanto, tampoco por la iglesia. Eso es no tomar en cuenta a Dios, es pecado de fornicación y rebeldía a lo establecido por Él. Cuando el hombre y la mujer no quieren casarse ante Dios, están diciendo: «No creo en el pacto, no creo que necesite a Dios para tener un hogar feliz». Están rechazando la ayuda de Dios y no quieren el compromiso de dar cuentas ante Él. Están diciendo: «Quiero vivir como yo quiero».

También muchas bodas religiosas solo se realizan para cumplir un requisito social. Cuando es así, Dios no tiene mucho que ver en esto, pues solo tratan de tener en cuenta todos los detalles sociales. Lo que más les preocupa es quedar bien ante la sociedad y satisfacer lo que quizá sea el deseo de los familiares e invitados. Solo consideran que es algo bonito y completo si se realiza la ceremonia religiosa. El matrimonio debe ser una celebración hermosa, pero sin olvidar que el matrimonio por la iglesia es para realizar un pacto ante Dios. El énfasis es asegurar el éxito del matrimonio que está en obedecer a Dios en todo.

Dios desea que tu matrimonio sea para toda la vida. Por eso Él se compromete en ayudarte y sostenerte en una linda relación si te comprometes a obedecerle. Por eso, cuando hablamos de pacto, hablamos del compromiso a mantener una relación estrecha entre los tres. Como resultado, podemos entender que una de las razones por la que Dios prohíbe el matrimonio con una persona de una fe diferente es porque si uno de los dos no conoce a Dios, no cree en

Dios, no reconoce a Jesús como el Señor de su vida, ¿cómo puede hacer un pacto con alguien que no conoce? Esto sería una mentira. También es bueno decir que si ya se cometió este error, solo resta que el que conoce al Señor se arrepienta para ser restaurado y dar un buen testimonio que ayude a su pareja en el conocimiento de Dios, a fin de dar el paso que les faltó.

> *Asimismo vosotras, mujeres, estad sujetas a vuestros maridos;*
> *para que también los que no creen a la palabra, sean ganados*
> *sin palabra por la conducta de sus esposas.*
>
> *1 Pedro 3:1*

4

LA SOLUCIÓN
DEL PROBLEMA

¿Cómo solucionar mi problema? ¿De dónde parte la solución al problema familiar? La solución es el Calvario, a través de la sangre de Cristo Jesús. Dios restaura el alma del ser humano mediante el acto redentor al pagar el precio de nuestros pecados. Esta restauración que se obra en el ser humano influye en toda la vida y, en primer lugar, en la relación con Dios, así como con la familia y con todo el género humano. Ejemplo de esto lo tenemos en el caso del carcelero de Filipos.

> *Ellos dijeron: Cree en el Señor Jesucristo, y serás salvo, tú y tu casa. Y le hablaron la palabra del Señor a él y a todos los que estaban en su casa. Y él, tomándolos en aquella misma hora de la noche, les lavó las heridas; y en seguida se bautizó él con todos los suyos. Y llevándolos a su casa, les puso la mesa; y se regocijó con toda su casa de haber creído a Dios.*
>
> *Hechos 16:31-34*

Cuando Dios llamó a Mateo, se preocupó por su hogar y sus amigos. Ese mismo día Jesús fue a su casa.

Otro caso singular es Zaqueo (lo puedes leer en Lucas 19:1-10). Ahora siervos libres del pecado, siervos de la justicia, estamos capacitados para cumplir y vivir en las leyes de Dios para la familia.

¿Qué quiero dejar sentado con esto? Es necesario restablecer una relación con Dios y esto solo es posible si somos libres del pecado. La única forma de ser libres del pecado es por medio de Jesucristo, quien paga con su muerte nuestros pecados.

Pero si andamos en luz, como él está en luz, tenemos comunión unos con otros, y la sangre de Jesucristo su Hijo nos limpia de todo pecado.

1 Juan 1:7

Este acto de fe nos lleva a restablecer nuestra relación con Dios para volver a tener el consejo de Dios en nuestra relación.

LA MEJORA DE MI RELACIÓN CON DIOS

Porque los ojos de Jehová contemplan toda la tierra, para mostrar su poder a favor de los que tienen corazón perfecto para con él. Locamente has hecho en esto; porque de aquí en adelante habrá más guerra contra ti.

2 Crónicas 16:9

¿Cómo está tu relación con Dios? Cuando la familia camina de problema en problema, de un lado a otro (como en un automóvil), es porque le falta dirección y chocan con todo. Hay un problema de dirección (cabeza sin cabeza). Si oras, pero no cambias, tu oración no sirve. Comienza cambiando tu oración por fidelidad. Di: «Señor, me comprometo a hacer tu voluntad aunque nadie la haga (incluyendo mi mujer), aunque nadie me entienda, aunque otros saquen ventaja, haré tu voluntad». No es solo saber la verdad, es obedecerla, de otra manera no verás cambios.

Si no tenemos la dirección de Dios, ¿cómo podremos guiar a una familia? Si yo no lo hago y doy ejemplo de mi fe, ¿cómo pretendo que lo haga otro? Si quieres ver cambios, cambia tu primero.

Pregúntate esto: «He apartado tiempo cada día para el trabajo, el deporte, la comida, los asuntos personales, los hijos, la pareja, la casa, el auto, la mascota, la iglesia, la comunidad. ¿Y para Dios he apartado un tiempo?». Este será el principio de tu cambio.

Si Jehová no edificare la casa, en vano trabajan los que la edifican; si Jehová no guardare la ciudad, en vano vela la guardia.

Salmo 127:1

Tu mujer será como vid que lleva fruto a los lados de tu casa; tus hijos como plantas de olivo alrededor de tu mesa. He aquí que así será bendecido el hombre que teme a Jehová.

Salmo 128:3-4

EL MATRIMONIO IDEAL

El matrimonio ideal no es de gente perfecta, sino de gente fiel a su pacto. La buena comunicación mejora la relación.

Dios creó al hombre ideal y, luego, creó a la mujer ideal, a fin de formar el matrimonio ideal bajo su dirección, hasta el día en que el diablo buscó el momento apropiado para tentarlo. Cuando el matrimonio falla, es porque descuida la relación con Dios y le da lugar al diablo, desobedece o permite que otras cosas se interpongan.

Antes que pecaran, Adán y Eva disfrutaban de una buena relación de pareja. ¿Qué características tenía esta relación?

- Decían solo la verdad.
- Se amaban sin condiciones.
- Estaban siempre juntos.
- Eran buenos amigos.
- Se ayudaban mutuamente.

- Estaban solos y no era necesario alguien más para ser feliz como pareja. Luego, vendrían los hijos, pero la relación de pareja no se fundamentaba en los hijos.
- Solo obedecían al Señor (todo lo que querían se lo preguntaban a Dios).
- No tenían secretos.
- Aprendían juntos.

¿Por qué Dios hizo un hombre y una mujer? ¿Por qué no hizo diez hombres y diez mujeres? ¿Por qué no los hizo con hijos? ¡El matrimonio es personal! Atención, respeto, dedicación, fidelidad, ayuda, pueden tener tiempo para todo.

No quiso influencias de ninguna clase, pues la única dirección buena es la de Dios. Todos necesitamos la ayuda y el consejo de Dios. Cuando te casas, solo necesitas el consejo de Dios. La experiencia de uno no siempre es buena para el otro, por eso Dios dijo que el hombre dejara a su padre y a su madre y se uniera a su mujer.

EL MATRIMONIO IDEAL ES UNA RELACIÓN ENTRE TRES

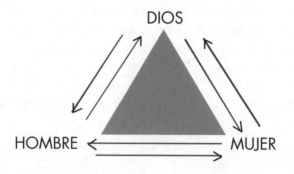

En la medida que el hombre y la mujer se acercan a Dios se acercan entre sí, acortando sus diferencias. En la medida que se alejan de Dios incrementan sus diferencias. Lo ideal es que en el matrimonio cada uno cuide su relación con Dios. Él se encargará de suplir lo que haga falta en el proceso de crecimiento como pareja. Él será tu guía. Cuando afrontes necesidades en tu matrimonio, Dios suplirá lo que necesites. «Nada te faltará».

Somos simiente de Abraham y la promesa de Abraham es nuestra. Cuando bendigo a mis hijos o hermanos, les repito las bendiciones que Dios ya nos ha dado para que no se olviden y sepan que la bendición de Dios está con ellos. Nuestras bendiciones tienen un origen y un final: que Dios sea honrado por lo que Él hace en nosotros.

No tienes que parecerte a nadie. Tu matrimonio es diferente, distinto. Tú no eres igual a tu papá, ni ella es igual a su mamá, ni a alguna amistad. Necesitan aprender a relacionarse directamente con Dios. Las experiencias de otros sirven de referencia, pero tú no conoces el nivel de relación con Dios de ellos. Tu respuesta viene de Dios, Él es quien suple tu necesidad, cualquiera que sea.

Cada matrimonio es diferente, no hay uno igual al otro, por eso solo Dios puede ser tu guía personal. Entonces, el matrimonio ideal lo construirás tú con tu pareja y Dios.

5

EL ORDEN
ESTABLECIDO POR DIOS

DIOS—CRISTO—HOMBRE—MUJER—HIJOS

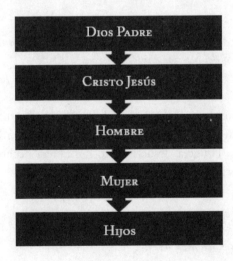

DIOS PADRE

CRISTO JESÚS

HOMBRE

MUJER

HIJOS

*Pero quiero que sepáis que Cristo es la cabeza de todo varón,
y el varón es la cabeza de la mujer, y Dios la cabeza de Cristo.*
1 Corintios 11:3

DIOS PADRE: CABEZA DE CRISTO

Habéis oído que yo os he dicho: Voy, y vengo a vosotros. Si me amarais, os habríais regocijado, porque he dicho que voy al Padre; porque el Padre mayor es que yo.

Juan 14:28

Mas para que el mundo conozca que amo al Padre, y como el Padre me mandó, así hago. Levantaos, vamos de aquí.

Juan 14:31

Cristo estaba sujeto a Dios Padre. En esto nos dio el ejemplo.

No puedo yo hacer nada por mí mismo; según oigo, así juzgo; y mi juicio es justo, porque no busco mi voluntad, sino la voluntad del que me envió, la del Padre.

Juan 5:30

Porque he descendido del cielo, no para hacer mi voluntad, sino la voluntad del que me envió.

Juan 6:38

Aquí el problema está resuelto, Jesucristo estaba sujeto al Padre y fue obediente hasta la muerte. ¿Será importante el orden de Dios? No lo tomes a la ligera. Jesucristo no lo hubiera hecho si no fuera de gran importancia, ni Dios lo hubiera establecido en su Palabra eterna. Jesucristo se sometió fielmente.

Jesús les dijo: Mi comida es que haga la voluntad del que me envió, y que acabe su obra.

Juan 4:34

Para Cristo, hacer la voluntad de Dios era un placer. Era su comida, su deleite. El estar sujeto no es una esclavitud, sino un deleite. Hacer la voluntad de Dios es agradable. Jesucristo se complacía haciendo la voluntad del Padre. Tenía libertad para hacerla o no, pero el amor del Padre era tal y la justicia del Padre era de tal manera que no había nada mejor que complacerse en la autoridad de Dios. No hay nada que te traiga más recompensa que hacer la voluntad de Dios. Hacer su voluntad siempre traerá mayores beneficios y, además, deleite. Estar sujeto a Dios es lo más gratificante. Estar sujeto a Dios es sentir su amor en cada acción. El deseo de Jesús de hacer la voluntad del Padre se basa en el amor de Dios. Un deleite mutuo basado en el amor y la justicia.

CRISTO: ES LA CABEZA DEL HOMBRE

Desde la creación del hombre, Dios era el que daba las instrucciones.

Y creó Dios al hombre a su imagen, a imagen de Dios lo creó; varón y hembra los creó.

Génesis 1:27

Cristo es Dios hecho hombre. Es el modelo por excelencia para imitarlo y someternos a Él como nuestro Salvador, Señor y ejemplo.

Sepa, pues, ciertísimamente toda la casa de Israel, que a este Jesús a quien vosotros crucificasteis, Dios le ha hecho Señor y Cristo.

Hechos 2:36

Pero quiero que sepáis que Cristo es la cabeza de todo varón, y el varón es la cabeza de la mujer, y Dios la cabeza de Cristo.

1 Corintios 11:3

Cuando el pecado entró en el mundo, este orden se perdió, pero gracias a la obra de Cristo volvió a su estado original. Desde que el hombre quebrantó la ley divina, solo trajo desgracia, destrucción y desorden.

Dios es cabeza del hombre porque Él es su Creador (Génesis 1:27). Le debemos obediencia porque Él es nuestro Padre (Juan 1:12). Estamos sujetos a Cristo, Él es el modelo para hacer la voluntad de Dios. Jesús dijo: «Yo y el Padre uno somos» (Juan 10:30). Cuando el hombre está sujeto a Cristo, su juicio es justo. Si su juicio es justo, será la mejor decisión. Cuando esto no ocurre, se origina el desorden en la sujeción del hombre a Cristo, trayendo como consecuencia el desorden en la mujer y luego en los hijos. Cuando el hombre hace lo justo, cuenta con el respaldo de Dios. Quizá no tenga el de la esposa o de los hijos, pero sí el de Dios. Jesucristo hacía en la tierra la voluntad del Padre y no todos estaban de acuerdo. Para ser cabeza o autoridad tengo que estar sujeto a la autoridad. En la medida que esté sujeto a Cristo, seré cabeza o tendré autoridad para dirigir. Jesucristo dijo ser justo porque no hacía su propia voluntad, sino la del Padre. El hombre es de veras cabeza cuando está sujeto a Cristo.

EL HOMBRE ES CABEZA DE LA MUJER

Esto tiene dos significados: Privilegio y responsabilidad.

- **Privilegio:** Dios no lo delegó al hombre por mérito, sino por cuestión de orden. Si el hombre siembra falta de sujeción a Cristo, cosechará falta de sujeción de la mujer. Si siembras falta de sujeción en tu casa, eso cosecharás. La autoridad es un privilegio delegado.
- **Responsabilidad:** Esto demanda que se cumpla con las obligaciones. Como cabeza, la responsabilidad del hombre es guiar. Si el hombre no está sujeto a Cristo, no podrá guiar bien. Allí está el mayor problema que se ve en los hogares, allí se origina el desorden, porque los hombres que no siguen como modelo a Cristo fracasan en el hogar. Recordemos que el Señor dijo que un ciego no puede guiar a otro ciego. Tampoco se puede guiar a alguien a donde nunca se ha ido.

Dejadlos; son ciegos guías de ciegos; y si el ciego guiare al ciego, ambos caerán en el hoyo.

Mateo 15:14

El hombre natural guía a su familia según su deseo, por la fuerza y de acuerdo a su experiencia, o según lo aprendió y recibió. Es probable que fuera con amor y con el mejor deseo, pero esto no garantiza que sea lo justo, sino que es un modelo propio.

El hombre espiritual guía a su familia de acuerdo a la Palabra de Dios, dando el ejemplo como hombre sujeto a Cristo.

El hombre en posición de autoridad sabe lo que es autoridad y cómo usarla cuando dirige en el amor de Cristo estando bajo autoridad. Solo cuando te golpeas la cabeza sabes que los golpes en la cabeza duelen. Cuando el hombre está bajo autoridad, opera el amor, la misericordia, la justicia, el juicio, la sabiduría divina. El centurión (mencionado en Mateo 8:5-10), tenía un concepto claro de lo que era autoridad y sabía que Jesús estaba sobre toda autoridad, aun por encima de lo sobrenatural.

No se puede ser cabeza sin cabeza. Josué es un buen ejemplo, pues proclamó: «Yo y mi casa serviremos a Jehová» (Josué 24:15). Él tomó la mejor decisión. No dijo: «Mi casa y yo», sino que dijo «yo» en primer lugar. Por allí tiene que comenzar la sujeción a la autoridad. En el Señor, el mejor es el que sirve, no el que es servido. Hay una responsabilidad que cumplir cuando uno es cabeza y de esto dependerá el resultado de nuestro trabajo.

LA MUJER SUJETA AL ESPOSO

La mujer que está sujeta al esposo lo está también a Dios. Obedecer es la mayor prueba visible de sujeción, pero bíblicamente eso no es suficiente, pues podemos obedecer y no estar sujetos. Por ejemplo, le digo a mi hijo: «Apaga la televisión y vete a dormir». Después de la tercera vez que le repito lo mismo, tengo que sacar la correa, y allí él corre y obedece, pero en su corazón quisiera estar viendo la televisión. ¿Obedeció? Sí, pero su deseo no era ese, era seguir viendo la televisión. Puedo obedecer por condescender, por temor, por interés (por conseguir algo a cambio), etc.

La sujeción de la esposa tiene que ser voluntaria. La expresión física tiene que ser el resultado de un sentimiento interno. La Biblia dice: «Las casadas estén sujetas a sus propios maridos, como al Señor» (Efesios 5:22). Debe ser por voluntad propia, en amor, respeto, fe, con alegría, etc. La sujeción no es un castigo ni una tortura. Puede serlo si el hombre no cumple su parte o si la mujer no hace la suya. La sujeción es armonía que produce dulzura y paz.

LOS HIJOS SUJETOS A SUS PADRES

Los hijos deben estar sujetos a los padres porque Dios lo ordenó para que les vaya bien, y sean de larga vida sobre la tierra (Efesios 6:1-3). El versículo siguiente dice: «Y vosotros, padres, no provoquéis a ira a vuestros hijos, sino criadlos en disciplina y amonestación del Señor» (v. 4). ¿Cómo se podrá cumplir esto de criar a nuestros hijos en disciplina y amonestación del Señor si como padres no estamos sujetos al Señor? Ya te darás cuenta de qué manera una cosa lleva a la otra. Cuando más sujetos estemos a Cristo, la repercusión en la familia será mayor.

En el hogar, la cabeza es el padre sujeto a la autoridad de Cristo, pero si el padre no está presente, la madre ocupa su lugar hasta que vuelva el padre. No espera que él llegue para hacer su trabajo como jefe del hogar mientras el padre está ausente. La madre, ante la ausencia del padre, es la autoridad. La Biblia nos enseña que los hijos tienen que estar sujetos al papá y a la mamá. La responsabilidad es de ambos, no la divida, pues padre y madre son uno. Si la madre desea que sus hijos se sujeten, deberá ser ejemplo de sujeción a Dios y al esposo.

Hay esposas que después que asumen la dirección no la quieren soltar, como también hay hombres que no quieren tomar la dirección.

Si eres madre soltera, cualquiera que sea la situación, ya sabes el orden. Puedes ser una madre ejemplar como la mamá de Timoteo si reconoces tus necesidades y te esfuerzas por hacer la voluntad de Dios. Depende de ti.

¡Dios te ayudará!

La madre que respeta la autoridad del padre, sus hijos lo notan. Entonces, cuando él no está, la fidelidad consiste en afirmar el respeto de ella al esposo y a Dios.

No trates de enseñar lo que no haces, no finjas delante del esposo, los hijos ni de algún otro. Dios no puede ser burlado. La fidelidad hace que avancemos en lo que edificamos. De otra manera estaríamos construyendo por un lado y por el otro derrumbando. Con el tiempo verás el resultado de tu trabajo en tu vida, en tu matrimonio, en tus hijos. Vuelvo a afirmar, Dios no puede ser burlado, te honrará porque tú lo honraste.

> *Las casadas estén sujetas a sus propios maridos, como al Señor; porque el marido es cabeza de la mujer, así como Cristo es cabeza de la iglesia, la cual es su cuerpo, y él es su Salvador. Así que, como la iglesia está sujeta a Cristo, así también las casadas lo estén a sus maridos en todo.*
>
> *Efesios 5:22-24*

EN LA SUJECIÓN HAY BENDICIÓN

Cuando uno no está bajo autoridad no sabe ejercer autoridad, y cuando uno no sabe ejercer autoridad, pierde autoridad: «Las casadas estén sujetas a sus propios maridos, como al Señor». ¿Cómo uno se sujeta al Señor? La sujeción es estar en el mismo sentir. Cuando nos sujetamos a Cristo, es por nuestra propia voluntad porque sabemos que es lo bueno y lo que nos conviene. El machismo es abusar de la otra persona, la sujeción en Cristo es amar a la otra persona. Uno no puede ser abusivo y pasar sobre los pensamientos y la voluntad de la otra persona; eso es ser abusivo, egocéntrico, no es sujeción.

Antes de tener autoridad sobre otra persona, uno tiene que servir primero. La autoridad es un servicio. Cristo dio su vida por nosotros. Lo que nosotros podemos dar no es comparable a lo que ya nos dio Él. La autoridad se construye cuando servimos y hace que la sujeción sea agradable y perfecta. La iglesia está sujeta a Cristo por amor, por voluntad propia y, asimismo, debe ser la sujeción de las esposas a sus maridos.

La verdadera autoridad no es impuesta, sino reconocida. No bases tu autoridad solo en el privilegio, porque ahí no has ganado nada, úsala como responsabilidad. Cristo se ganó la autoridad y a Él se le delegó toda autoridad porque obedeció y se mantuvo fiel hasta llegar a la cruz, morir y dar su vida para que nosotros fuéramos salvos. Él cumplió y se le dio toda autoridad. Cristo está sujeto al Padre. Cristo dijo: «Porque he descendido del cielo, no para hacer mi voluntad, sino la voluntad del que me envió» (Juan 6:38). No es cuestión de exigir autoridad, sino de estar bajo autoridad. Cuando uno en casa hace lo debido, no necesita exigir que lo respeten, los demás lo respetan.

Dios no bendice el desorden. Si el hombre no hace lo que tiene que hacer, eso afectará a su familia. Cuando Dios llama a cuentas, llama primero al hombre. Si naciste hombre, nadie te lo puede quitar, asume tu papel. De igual manera, la mujer que asuma su papel, no el del hombre, y así podrá tener una vida más plena y feliz, y bendecirá a sus hijos y a su descendencia.

Dios estableció ese orden para que les vaya bien. La relación de pareja tiene un orden. Si establecemos un desorden desde la cabeza, es muy normal que los hijos aprendan ese desorden y actúen en consecuencia. Dios estableció algo, Él puso esas reglas y cuando uno lo entiende, lo disfruta más. Cristo hizo el sacrificio por amor a la Iglesia sin buscar nada para sí. Ese tipo de sujeción es perfecta porque uno no busca que se sujeten, sino dar lo mejor y servir juntos. Sujetarse no es un trabajo, un castigo ni sentirse menos, sujetarse es amar.

Si el hombre no está sujeto, y la mujer saca su carácter en el momento apropiado, ya hubiera puesto al marido en línea. Sin embargo, lo que suele suceder es que saca el carácter cuando no debe sacarlo, o de la forma indebida, quizá por la falta de su relación con Cristo. El hombre hace lo que le da la gana hasta que la mujer lo frena, hasta que se pone seria y firme. La mujer tiene el cincuenta por ciento de culpa que el marido sea como es. Si la mujer es seria y está comprometida, hará que el hombre haga lo que tiene que hacer. La mujer tiene poder de influencia, y si la mujer es de ayuda, es porque tiene con qué hacerlo. Cada uno resuelve su vida con su relación con Dios porque Él suple todo lo que necesitas. Él es nuestro ayudador y también lo es para nuestros hijos. No hay nada mejor que tener a Dios de tu lado. Dios te hará justicia. No hay hombre que Dios no pueda cambiar. ¿Habrá algo difícil para Dios?

Cuando te equivocas, porque puede ser que te equivoques, sé sabio y admítelo. Y si cometiste un error, pues todos cometemos errores, pide disculpas y corrige lo que sea necesario.

Nosotros no podemos cambiar a nuestra pareja, pero Dios sí puede. Así que al buscar a Dios y pedirle sabiduría, Él comenzará a actuar primero en tu vida, y luego empezará a trabajar en tu pareja también. Cuando buscas a Dios, el primero que cambia y gana eres tú, después es tu pareja. Todo esto se debe a que no podemos en nuestras propias fuerzas. Esto requiere tiempo y constancia. No pretendas que en una semana tu pareja cambie, pero de seguro que vale la pena dedicarle tiempo y ser constante, pues día tras día disfrutarás la vida con tu pareja, y cada día será mejor.

> *Maridos, amad a vuestras mujeres, y no seáis ásperos con ellas.*
> Colosenses 3:19

El primer mandamiento para el hombre es: «Amar a su mujer». El amor es algo que se aprende. Cuando te enamoraste de tu pareja, aprendiste a amarle. Es importante basar tu relación en amor, porque si te casaste, es porque le amas. Al comienzo, uno no se enamora por las cualidades que no se ven. La llama se enciende por cualidades que se ven: la risa, los ojos, etc. El asunto es cómo mantener la llama encendida, porque lo que pasa es que comienzan a basar su amor y su relación en un sentimiento, y el amor comienza como un sentimiento, pero se mantiene con una acción. Si solo queremos vivir basados en nuestros sentimientos y no hay acción, terminamos peleando como perros y gatos debido a que la relación solo se basa en la emoción y no en la acción. Eso habla de una relación inmadura, una relación infantil que no ha crecido. Si quieres que tu relación florezca y se afirme en amor, tienes que accionar en amor.

El Señor dijo: «Todo lo que el hombre sembrare, eso también segará» (Gálatas 6:7). Si quieres cosechar amor, siembra amor. Si quieres cosechar servicio, siembra servicio; si atención, siembra atención. No bases tu relación en la emoción, pero si la basas en acciones de amor, tu relación será mucho más fuerte. Uno determina qué clase de relación quiere, así que no demandes, exijas o pidas, ¡Da! Y mantente dando porque todo el que da, recibe. No exijas, sino siembra, y cuando lo hagas, no te olvides de que el que da la cosecha es Dios... ¡y te la dará en abundancia! Va a llegar un momento en el que habrás sembrado tanto que tu pareja estará endeudada por el resto de su vida. Dios permita que esto sea de ambos lados y que el amor florezca cada día. «La voluntad de Dios es agradable y perfecta», así que disfruta tu relación.

6

ESPOSOS
RESPONSABLES

PRINCIPALES RESPONSABILIDADES

Pacto: El hombre hace pacto con Dios a obedecerle y le dice a la esposa: «Desde ahora seré un hombre de verdad. Como hombre te daré lo mejor a ti y a nuestros hijos». Un hombre de verdad se entrega a su familia. ¿Cómo se logra este orden? Con el cumplimiento del deber.

ALGUNAS RESPONSABILIDADES DEL ESPOSO

A) AMAR A LA ESPOSA

> *Maridos, amad a vuestras mujeres, así como Cristo amó a la iglesia, y se entregó a sí mismo por ella.*
>
> *Efesios 5:25*

> *Maridos, amad a vuestras mujeres, y no seáis ásperos con ellas.*
>
> *Colosenses 3:19*

Esta es la mayor responsabilidad, pues aquí casi se encierran todas las demás. Nuestro ejemplo es la manera en que Cristo amó a la iglesia y se entregó a sí mismo por ella. Cuando la esposa se siente amada, evitamos la desconfianza, los celos, la inseguridad, el temor, etc. El amor sin expresión no sirve de nada. Algunos dicen: «No se lo digo, pero yo la amo». El amor sin expresión es mudo, por eso es que otras parejas no se escuchan. Algunos matrimonios viven peleándose, pero se aman. Hay amor, pero no han aprendido a expresarlo. Recordemos que el amor tiene que expresarse también con palabras. Además, el amor hay que demostrarlo con cuidados, atenciones, detalles, etc., cumpliendo con una serie de obligaciones. Haz una lista de todo lo que haces por tu esposa por amor; y que ella haga otra lista de todo lo que espera de tu parte por amor. Luego, traten de suplirla con juicio y justicia. Dios no dijo que entiendas a tu esposa, dijo que la ames, aunque no la puedas entender en todo. Solo ámala. Dios la creó y sabe lo que te está diciendo cuando te pide que la ames.

B) PROTEGER: AMPARAR, DEFENDER, RESGUARDAR, FAVORECER

Todos tenemos necesidad de sentirnos protegidos. Por eso, Cristo mismo no nos dejó solos.

> *No os dejaré huérfanos; vendré a vosotros.*
>
> *Juan 14:18*

> *El cual nos consuela en todas nuestras tribulaciones, para que podamos también nosotros consolar a los que están en cualquier tribulación, por medio de la consolación con que nosotros somos consolados por Dios.*
>
> *2 Corintios 1:4*

Nos dio armas y autoridad para proteger, hasta el punto de dar su vida por proteger a la familia. ¿Proteger de qué? Del medio ambiente.

Proveer los medios que la protejan, como una casa en un ambiente sano, ser precavido para el futuro. Lot descuidó a su familia, y la llevó a un pueblo donde no debía. Ya sea por desobediencia o por ignorancia, el no ocuparse en aprender es ser irresponsable. La ignorancia también te puede matar. Por otro lado, la ciencia y el estudio te darán mayores posibilidades de mejor vida. Proverbios 24:4 dice: «Y con ciencia se llenarán las cámaras de todo bien preciado y agradable». Nuestra responsabilidad es aprender, crecer para darle a nuestra familia una mayor posibilidad de progreso. Cuando recibes una buena educación, consigues un título, adquieres bienes ganados con tesón. Esto hace a tu familia fuerte para no dejarse engañar por la tentación en que algunos sucumben porque nunca tuvieron nada. La pobreza expone a situaciones de riesgo. Desarrollarte te dará buenos resultados. Es la mejor protección que le puedes dar a tu propia familia.

C) ACEPTAR

Cristo nos aceptó tal como estábamos. Lo hizo por amor, aunque estábamos llenos de faltas.

> *Aun estando nosotros muertos en pecados, nos dio vida juntamente con Cristo (por gracia sois salvos), y juntamente con él nos resucitó, y asimismo nos hizo sentar en los lugares celestiales con Cristo Jesús, para mostrar en los siglos venideros las abundantes riquezas de su gracia en su bondad para con nosotros en Cristo Jesús.*
>
> *Efesios 2:5-7*

Necesitamos sentirnos aceptados con nuestras cualidades y nuestros defectos. Aceptación no quiere decir apoyar, más bien es ayudar a superar. Es amor y fe en creer que serán diferentes y perdonar. ¿Cuánto? «Aun hasta setenta veces siete» (Mateo 18:22). Hay esposos que no valoran a su esposa, pero se olvidan de que cuando eran novios no le encontraban defectos. Quizá tu esposa no sea la más linda del mundo, pero si la amas, la verás hermosa. ¿Por qué ahora ves más grandes sus defectos? El egoísmo ensucia el amor y, entonces, vemos diferente, así que mira sus cualidades y hónralas.

Si solo miras los defectos de ella, estarás empantanado. En cambio, si la aceptas y valoras sus virtudes, será distinto. Si la elegiste, es por algo. Todos tenemos virtudes y defectos, todos somos diferentes. Tu compañera posee una belleza única, es tu deber pulirla a tal grado que brille a su máxima expresión.

Algo similar sucede con los hijos. Algunos padres tienen hijos preferidos, como Jacob con José e Isaac con Esaú, ya sea porque son más lindos o se parecen a ellos mismos en su carácter, o son más despiertos e inteligentes. Las preferencias crean traumas, resentimientos, complejos, desgracias futuras, etc. Cada uno tiene su propia belleza. Por lo tanto, ámalos y púlelos, entonces brillarán y te harán brillar. En la medida que cumplas bien tu función encontrarás otras riquezas en ellos que te harán feliz.

D) RESTAURAR

La restauración significa llevar algo a su estado original, contribuir a cambios para mejorar, pero no como yo quiero que sea, sino a la imagen de Dios. No trates de cambiar a tu esposa a tu manera.

> *Para santificarla, habiéndola purificado en el lavamiento del agua por la palabra, a fin de presentársela a sí mismo, una iglesia gloriosa, que no tuviese mancha ni arruga ni cosa semejante, sino que fuese santa y sin mancha.*
>
> *Efesios 5:26-27*

Volverla a su estado original, como fue creada (virgen en todo), significa que la limpias, la sanas, la nutres. Quizá no sea la mejor mujer del mundo ni su pasado sea muy bueno, o posea traumas, temores o defectos; nuestra misión es restaurarla, sanarla.

Cristo es restaurador: «Las cosas viejas pasaron; he aquí todas son hechas nuevas» (2 Corintios 5:17). No solucionamos nada insultando, recordando el pasado. Cierra esas páginas. Haz lo mismo que Cristo que tiró nuestros pecados y añade: «Nunca más me acordaré de sus pecados y transgresiones» (Hebreos 10:17). No caigas en los mismos errores. Cristo la santificó y la purificó por la Palabra. Eso permitirá que se aparte del mal y cada día se parezca más a Cristo. No hagas lo contrario a Cristo, sino lo mismo que hace el Señor y Él te ayudará.

E) PROVEER

Porque si alguno no provee para los suyos, y mayormente para los de su casa, ha negado la fe, y es peor que un incrédulo.

1 Timoteo 5:8

Mas buscad primeramente el reino de Dios y su justicia, y todas estas cosas os serán añadidas.

Mateo 6:33

El hombre tiene la responsabilidad de la necesidad física y espiritual de su familia, así como la mental. El Señor dijo: «Venid a mí todos los que estáis trabajados y cargados, y yo os haré descansar» (Mateo 11:28). El descanso espiritual solo lo da Él. Eso nos demuestra su amor como cabeza y esposo. Sin Dios no se puede ser hombre de verdad. En otras palabras, no se puede asumir la responsabilidad por la salud física, la provisión de alimentos. Tampoco se tiene la responsabilidad por la salud mental cuando no se provee de un hogar estable con recreación, vacaciones, etc.

El hombre tiene la responsabilidad de la salud espiritual. Es el encargado del crecimiento espiritual de su familia. La bendición viene por la obediencia del hombre (Génesis 18:17-19).

Abraham le ordenó a su familia que guardara los estatutos de Jehová (Génesis 18:19). Job ofrecía a Dios sacrificios por sus hijos e intercedía por ellos (Job 1:5), Isaac oró por la esterilidad de Rebeca (Génesis 25:21).

En Deuteronomio 6:6-7, se le pide al hombre que asuma la responsabilidad de enseñarles a sus hijos. Esto no se le pide a la esposa, pues ella es solo su ayuda. Tampoco lo es la iglesia ni la Escuela Dominical. Si la iglesia, la Escuela Dominical, la familia o los amigos no enseñan, tú eres el que no puede fallar. Guía a tu esposa e hijos a Dios.

Cuando no hay esposo, o este es inconverso, la esposa toma las riendas (2 Timoteo 1:5). La madre de Timoteo lo crio en la Ley, y aunque su padre era incrédulo, eso no fue obstáculo en la enseñanza del temor de Dios.

F) ELOGIAR

Dadle del fruto de sus manos, y alábenla en las puertas sus hechos.
Proverbios 31:31

Necesitamos elogios, que se nos reconozca, que se nos estimule. El amado exalta las virtudes de la esposa, la viste de blanco, la pone en posición de reina, la alimenta, la estimula. «Vosotros sois linaje escogido, real sacerdocio, nación santa, pueblo adquirido por Dios» (1 Pedro 2:9-10). Y en el libro de Cantares el esposo elogia a la esposa. La autoimagen positiva es necesaria. Algunos jóvenes están en malos pasos porque en sus hogares lo único que se les reconocía eran las malas obras, nunca las buenas. Reconoce lo bueno, destácalo, eso bendice. En Cantares 7, cualquiera creería que se describe a la mujer perfecta, pero se refiere a tu mujer y a la mía, pues así la ven los ojos del amado. No mira las rayas torcidas, ni los párpados caídos, sino mira a su amada y en ella tiene su contentamiento.

Hay muchos problemas en la calle que se originan en el seno familiar, en las relaciones, los negocios, los estudios, el trabajo, etc. Estos se deben a lo que sucede dentro de la casa, como cuando no cumplimos nuestras obligaciones familiares o abochornamos a nuestra esposa. En tales momentos creemos que solo hacemos un chiste y alardeamos de nuestro sentido del humor. Por eso cuando oramos, no vemos respuesta a nuestra oración y pareciera que Dios no nos escucha. Veamos lo que dice 1 Pedro 3:7:

> *Vosotros, maridos, igualmente, vivid con ellas sabiamente, dando honor a la mujer como a vaso más frágil, y como a coherederas de la gracia de la vida, para que vuestras oraciones no tengan estorbo.*

A Dios le desagrada el hombre que no trata bien a su mujer. Por lo tanto, elogia a tu esposa, pues se gana más elogiando que degradando. Contribuye a la sabia edificación, no a la destrucción.

Darle honor»: En reconocimiento de su valor.

No damos honor a nuestra esposa cuando no la tomamos en cuenta, le damos poca importancia o la ignoramos. Lo mismo sucede cuando todas las decisiones son nuestras y no le decimos lo que ganamos, a dónde vamos, lo que hacemos, etc. También cuando rebajamos a nuestra esposa o la humillamos delante de otra gente. Cuando la consideramos inútil o la comparamos con algo negativo o deficiente.

Todo lo mencionado es lo contrario a dar honor. Y, en estas condiciones, cuando te acercas a Dios, tendrás problemas, tendrás estorbo. Dios no te prestará atención.

«Vaso más frágil»: Se trata del sexo menos fuerte, no del sexo débil.

La mujer es más frágil que el hombre. Ten cuidado cómo hablas con una mujer. Si le dices algo a un hombre, ahí queda. Sin embargo, una mujer lo recordará siempre, a no ser que sea una cristiana madura, y sepa de juicio de ayuda y perdón. La mujer no es igual al hombre. La mujer es más emocional. El hombre dice algo y piensa que no es para tanto, pero la esposa entiende tanto y más. Se desmorona con más facilidad. Ten cuidado, a la mujer le haces dos comentarios y ella siente que le hiciste veinte. Es diferente, pero no es menor.

«Como coherederas»: En igualdad de condiciones

Deben compartir la herencia en partes iguales. Los hijos de Dios reciben la misma herencia, independientemente de su sexo. La mujer es más débil, más frágil, pero no es menor. Por lo que recibirá la misma porción, y eso la pone al mismo nivel. El hombre y la mujer son iguales para Dios.

Cuando le damos honor a la esposa o la tratamos como vaso más frágil y reconocemos su igualdad, como herederas, nuestras oraciones no tendrán estorbo y veremos respuesta a ellas.

Nadie se casa estando listo para el matrimonio, y nadie sabe lo que viene hasta que lo vive. En el matrimonio todo es nuevo y todo se aprende. Es como aprender a tocar el piano, se avanza de lección en lección. Algunas lecciones son más fáciles que otras, pero con paciencia y deseos vamos aprendiendo y disfrutando nuestra vida familiar. A veces queremos que la esposa haga lo que a nosotros nos parece que debe hacer, sin darnos cuenta que estamos equivocados. Sé sabio, pide primero la guía de Dios, aun en lo que sabes que es bueno, a fin de que sepas cómo presentar tu verdad.

G) DISCIPLINAR

Son reglas de ayuda para un mejor provecho y evitar desgracias. Así que aplícalas y hazlas respetar. Dios castiga al hijo que ama. Es el ajuste necesario que necesita todo ser humano, a la vez que lo capacita para poder enfrentar las demandas y exigencias de este mundo, evitando sufrir consecuencias mayores. No es maltrato, no es desahogarse, no es abusar; es buscar la solución y provecho para todos.

Disciplina no es maltrato. A veces lo que hacemos es desahogar nuestro enojo y maltratamos. El hombre de verdad es disciplinado, sabe disciplinar y marca los límites. Los límites demuestran lo aceptable y lo inaceptable.

Hay casas que parecen hoteles, pues no tienen horarios, no hay orden, todos quieren que les sirvan. Allí cada uno hace lo que quiere. Otras casas parecen restaurantes con camareros y sirvientes. En la calle serán de la misma manera que son en la casa y también lo serán en sus futuros hogares. Elí no cumplió con su obligación como padre ni como sacerdote. No disciplinó a sus hijos a tiempo y terminó mal (1 Samuel 3:13). Hombre, siervo, esposo, padre, si quieres un hogar firme, necesitas que todo tu hogar esté en la voluntad de Dios (1 Samuel 2:22). Los límites hacen que sea consciente de lo que hago, pues no solo me afectará a mí, sino también afectará a otros a corto y largo plazo (1 Samuel 2:35).

ALGUNAS RESPONSABILIDADES DE LA ESPOSA

A) RESPETAR A SU ESPOSO

Por lo demás, cada uno de vosotros ame también a su mujer como a sí mismo; y la mujer respete a su marido.

Efesios 5:33

Cuando la mujer no respeta al marido, deshonra a Dios. Entendamos que nuestros fundamentos parten de los principios de Dios, no cuestionamos ni evaluamos si la otra persona se lo merece o no. Solo creemos lo que dice Dios y obedecemos. Si lo hubieras sabido antes, sería distinto o es posible que no te hubieras casado.

No mientas, no hables mal de tu marido ni lo critiques. No te burles de él, no le ocultes nada. No interesa si eres de tez blanca, crema, amarilla, roja, marrón o negra. Lo importante es que seas transparente con tu esposo.

Haz una lista de veinte valores de tu esposo. Reconoce su valor y hónralo.

Recuerda: Respeto significa atención, veneración, enaltecer, reverencia, consideración, honra. Por ejemplo: Tu marido tiene derecho a cansarse. No le hables de temas difíciles en cuanto llegue del trabajo.

¿Cómo ves a tu marido? Eso es vital, porque según lo veas, así lo tratarás. Que cuando llegue de su trabajo, no encuentre la casa hecha una pocilga, toda sucia y desordenada, ni la ropa sucia y tirada. No le hagas comer lo que sea y como sea.

Respeta a tu esposo, no pongas a los hijos en contra de su papá. Puedes honrar a tu esposo influyendo para bien a su favor. Si tratas mal a tu marido, deshonras a Dios y a ti misma. Esto es un error muy común en el que caen algunos. ¿Qué hacemos ahora? Pon el pasado a un lado y comienza a respetar a tu esposo, a darle el reconocimiento debido por quién es. Quizá tu marido no ganara nada, pero debes respetarlo porque es tu marido. Si no lo respetas como merece, lo desvalorizarás a él y también a ti misma.

Además, valora todo lo bueno que haya hecho y todas sus virtudes, que con toda seguridad tiene. Ayuda recordar que tu esposo es una criatura o hijo de Dios, y que se creó a imagen y semejanza de Dios. Tal vez lo que ves no sea lo mejor, pero puedes ayudarlo a que dé lo mejor, pues tiene potencial. La mujer que quiere edificar su casa respeta al esposo.

El respeto se puede demostrar de muchas formas. Todo lo que siembres o hagas que desvalorice a tu esposo, te deshonrará también a ti. Dios dice: «Pagad a todos lo que debéis: al que tributo, tributo; al que impuesto, impuesto; al que respeto, respeto; al que honra, honra» (Romanos 13:7). Ponte firme y declara que honrarás a tu marido, y al hacerlo, te darás cuenta de que te traerá honra a ti también. Lo que siembras cosechas.

B) AYUDAR A TU MARIDO

Ayudar es aportar, sumar con tus posibilidades, tus cualidades, tus fuerzas, a que otro alcance su objetivo o el objetivo en común.

Ayuda a tu marido para que proclame la verdad, busque a Dios, sea detallista, alegre y que madure. No lo consientas como a un niño, ayúdalo a que sea líder, a que sea responsable, a ser buen padre, etc.

La Biblia no dice que la mujer dependa del marido. Hay mujeres que solo esperan recibir y siempre tienen su lista de cosas para que las resuelva el marido. Eso no es ser ayuda, sino jefa. Ten cuidado de no tratar de dirigir, sino aporta a tu hogar como la mujer virtuosa mencionada en Proverbios 31.

La mujer virtuosa no trata de controlar, sino de ayudar. La mujer es canal de bendición de parte de Dios. ¡Mujer, déjate usar por Dios!

La mujer es la ayuda idónea (Génesis 2:18). Idónea significa apropiada, conveniente. La meta es llevar a la familia a servir a Dios para disfrutar una vida feliz, pero sin la ayuda de la esposa será muy difícil. La función de la mujer es poner todas sus habilidades y recursos para que el esposo logre la meta y triunfe en todo. De igual manera, el corazón del esposo estará dispuesto a darlo todo por su esposa.

C) EDIFICAR LA CASA

Edificar es igual a levantar, construir. La mujer sabia hace de su hogar un lugar placentero. No espera que el hombre haga todo, sino que lucha y trabaja para edificar su casa.

Por favor, lee con mucha atención Proverbios 31:10-31. Allí encontrarás una gran motivación y aspectos en los que hay que trabajar para edificar la casa. Pídele ayuda a Dios y Él te proveerá más de la que necesitas, porque verá tu corazón deseoso de agradarle a Él.

He aquí algunas ayudas:

- **Arregla.** Si tienes algo que no funciona bien, arréglalo. No lo deseches.
- **Espera en Dios.** Las mujeres de fe no se dejan amedrentar por pensamientos negativos. ¿Qué hay en tu corazón? ¿Fe o temor? ¿Con qué lo has llenado?
- **Decora.** Si algo está en malas condiciones, píntalo o límpialo, ponle un toque personal. Hay casas que parecen una pocilga.
- **Limpia.** Es desagradable entrar en una casa sucia, con platos en el fregadero donde parece que entraron ladrones a revolver para ver si encontraban algo de valor.
- **Ordena.** Si está todo tirado, como zapatos y ropa por todos lados, y en el suelo hay distintos objetos por todas partes, habrá que ordenar. Si no tienes tiempo para ordenar, evita desordenar.
- **Transmite paz.** Decide hacer bien a tu marido, no mal. Que tu ánimo sea bueno, sé responsable y justa.

- **Ahorra.** Considera el futuro, administra bien. Al marido se le conoce por lo que su esposa hace en él.
- **Sé creativa.** Ocúpate de lo que de veras tiene valor. No descuides tu relación con Dios. Ten responsabilidades en tu hogar y deja una herencia bendita.
- **Sal a trabajar** cuando hay necesidad.
- **Ocúpate del bienestar** de tu esposo y tus hijos.

Vemos la gran importancia de la mujer en el hogar. Ella es la ayuda, pero la mayor responsabilidad no está sobre su persona.

¿Crees que la expectativa del varón sea mayor siendo la cabeza y líder? Dios confía en ti, Él sabe que tú puedes. Dios se comprometió a ayudarte.

D) SER DE BUEN TESTIMONIO

> *Sed, pues, imitadores de Dios como hijos amados. Y andad en amor, como también Cristo nos amó, y se entregó a sí mismo por nosotros, ofrenda y sacrificio a Dios en olor fragante. Pero fornicación y toda inmundicia, o avaricia, ni aun se nombre entre vosotros, como conviene a santos; ni palabras deshonestas, ni necedades, ni truhanerías, que no convienen, sino antes bien acciones de gracias. Porque sabéis esto, que ningún fornicario, o inmundo, o avaro, que es idólatra, tiene herencia en el reino de Cristo y de Dios.*
>
> *Efesios 5:1-5*

Las mujeres santas se purifican en la Palabra. Son ejemplo en palabra, evita los chismes, las quejas, críticas, etc. Más bien busca el conocimiento de la Palabra de Dios. Por ejemplo, las mujeres santas son modelos en:

- **Conducta:** No rebeldes, no contenciosas, no caprichosas.
- **Amor:** El amor cubre multitud de faltas.
- **Espíritu:** Tienen buen ánimo, no se deprimen.

- **Fe:** No temen, dudan ni se afanan, pues hay mujeres que lo único que transmiten es duda, temores, presión, etc.
- **Pureza:** Siendo fiel al esposo, sin doble sentido, sin buscar la atención ajena con vestimentas provocativas, como pantalones apretados y prendas transparentes.
- **Conducta casta:** Son puras, sin mezcla de parte mundana y parte cristiana. El valor de la mujer está en la pureza. Lo que es puro siempre tiene mayor valor que la mezcla.
- **Pura en conducta:** La mujer, y la casada en especial, no debe provocar ni llamar la atención de otros, a no ser que se trate de su marido. Siempre se conducen con honradez diciendo la verdad y haciendo justicia.
- **Incorruptible ornato:** Se trata del adorno que no se deteriora (no envejece ni perece). Hay gente que todo su adorno es externo, como vestido, zapatos, joyas, peinados, maquillaje, cirugías, estiramientos y reducciones (liposucciones) o aumentos y levantamientos. No es que sea malo, pero todo eso se deteriora. ¿Cuál es el adorno que no se deteriora? El interno del corazón (lee 1 Pedro 3:3-5), que es el del espíritu afable, agradable, acogedor, cordial, amable, dulce, gentil, el de sonrisa alegre.

  Estos atributos de mujer virtuosa, como fe, disposición, fortaleza que no se quebranta, corazón dispuesto a la ayuda, corazón alegre, simpatía, soñadora de buenas cosas. Todo esto no se rompe, ni se deteriora, ni se gasta. Tampoco necesita de cirugía, ni de quitar, ni poner nada. Dios no te exige lo que no tienes. Dios lo ha puesto en ti: ¡Eres mujer!
- **Apacible:** Es como el viento plácido y fresco cuando hace calor. En los momentos difíciles de la vida, ella es el fresco agradable para su esposo.

E) SER SABIA Y PRUDENTE

Hay asimismo diferencia entre la casada y la doncella. La doncella tiene cuidado de las cosas del Señor, para ser santa así en cuerpo como en espíritu; pero la casada tiene cuidado de las co-

sas del mundo, de cómo agradar a su marido. Esto lo digo para vuestro provecho; no para tenderos lazo, sino para lo honesto y decente, y para que sin impedimento os acerquéis al Señor.

1 Corintios 7:34-35

Conoce como están las cosas en el mundo, por lo que cuida a su marido, lo atiende y se arregla para él. La Biblia no dice que la mujer dependa del marido, pues la mujer tiene todo para poder sostenerse a sí misma. Lo importante es unirse al marido en el proyecto de vida y ambos depender de Dios.

Mujer virtuosa, ¿quién la hallará? Porque su estima sobrepasa largamente a la de las piedras preciosas.

Proverbios 31:10

¡Atención, padres!

¿Qué imagen de esposo o de esposa les están dejando a sus hijos? Un matrimonio sano produce hijos sanos. ¿Qué tal si fallo? Pido perdón y trato de no volver a hacerlo.

¿Qué me dices de los hogares que no tienen padre o son inconversos? Si buscas a Dios, Él también suplirá esa necesidad, Él sabe lo difícil que es: «Jehová guarda a los extranjeros; al huérfano y a la viuda sostiene, y el camino de los impíos trastorna» (Salmo 146:9).

Es básico y necesario que la relación de la pareja sea sana para que los hijos crezcan saludables. Hay que establecer el fundamento de Dios para nuestras vidas. Si fallamos, pedimos perdón y tratamos de corregir el error para no perpetuar nuestras malas acciones. No enseñes a juzgar, sino enseña a obedecer a Dios.

- «Casadas, estad sujetas a vuestros maridos» (Colosenses 3:18).
- «Maridos, amad a vuestras mujeres» (Colosenses 3:19).
- «Hijos, obedeced a vuestros padres en todo» (Colosenses 3:20).
- «Padres, no exasperéis a vuestros hijos, para que no se desalienten» (Colosenses 3:21).

La paternidad es un liderazgo que se dirige en amor.

UN EJEMPLO A SEGUIR

¿Cómo es el amor de Cristo? Humilde, de servicio, de ejemplo, de entrega, responsable.

¿Cómo define el amor 1 Corintios 13? Lee con detenimiento este pasaje y verás lo espectacular de este sentimiento.

El esposo debe dirigir con sabiduría (lee 1 Pedro 3:7). «El principio de la sabiduría es el temor de Jehová» (Proverbios 1:7; lee también 9:10; Salmo 111:10). Dios es el único y sabio.

La esposa no es menos que el hombre (Tito 2:4-5; Colosenses 3:18; Proverbios 14:1; 1 Pedro 3:1-7). Tú no eres menos que el hombre, pero si estás casada, debes respetar a tu marido (Efesios 5:24). Tu sujeción a Cristo determina la sujeción a tu marido.

¿Debe la mujer sujetarse u obedecer en todo? Si lo que el marido pide es justo, sí. ¿Y si lo que pide es malo? Enséñale a pedir bien (con amor y firmeza). Si es malo lo que pide, enséñale que tú no haces lo malo, pues deja un legado a tus hijos.

¿Aceptas su liderazgo? Sí o no, ¿por qué? Habla de tus deseos y lo que es bíblico. Ayuda a tu esposo a tener un mejor liderazgo, y ganarás honra delante de Dios, de tu esposo y de tus hijos.

Cuidado con la falsa hermosura. Que a tu hermosura le acompañe siempre tu buen juicio. De otra manera tu hermosura no te servirá de nada. Que lo importante en tu relación no sea tus atractivos físicos. «Como zarcillo de oro en el hocico de un cerdo es la mujer hermosa y apartada de razón» (Proverbios 11:22).

Las labores domésticas son partes vitales del diario vivir

- ¿Quién tiene que cocinar? El que quiera comer.
- ¿Quién lava los platos? El que hizo menos.
- ¿Los niños sacan la basura? Si es que ese fue el acuerdo.
- ¿Quién hace lo que nadie quiere hacer? El más sabio y el que quiera ganar la mejor recompensa.
- ¿A qué edad comienzo a enseñarle a ayudar a mis hijos? Desde que puedan hacer algo. Si quieres que lo hagan bien, muéstrales cómo hacerlo.

- ¿Cuándo hay que hacerlo? Lo más pronto posible, antes que te afecte a ti o a los demás.
- Como las labores domésticas las enfrentamos a diario, ponte de acuerdo lo antes posible. Sé justo.

Aprendamos los valores de las labores domésticas
Los beneficios:

- Se aprende a convivir con otros
- Genera buenos sentimientos
- Crea sensibilidad ante los demás
- Somos de utilidad
- Desarrolla el compañerismo
- Define la responsabilidad
- Eleva la justicia
- Promueve la ayuda mutua
- Incorpora el trabajo en equipo
- Aumenta la limpieza
- Nos ayuda en la salud propia y la de los demás (menos estrés, menos cansancio, etc.)
- Revela la consideración al pensar en los demás
- Prospera la organización

Las labores domésticas sirven para aprender y practicar valores.

El que no trabaja da trabajo
Entre otras cosas:

- Ensucia
- No recoge
- Tú limpias, él ensucia
- Le gusta comer, pero no quiere lavar los platos
- Se baña, pero no quiere limpiar el baño

Tiene que haber una consecuencia para el que no trabaja, de lo contrario sería injusto. Este mal daña al ocioso y a los demás. Saber hacer lo bueno no es suficiente, se necesita hacerlo.

¿Reconocemos al que ayuda?

Por ejemplo:

- ¿Elogias al que hace bien las cosas? Tiene que haber una diferencia entre el que las hace bien y el que no las hace, o las hace mal.
- ¿Se debe pagar por lo que hacen? No necesariamente, pero debe haber un reconocimiento.
- Crea tradiciones, pues esta es una manera de conservar las buenas costumbres. La unidad es voluntad de Dios. La falta de reconocimiento trae ruptura.
- Un regalito o sorpresas diciendo: «Gracias por limpiar el piso», o un chocolate «por recoger tu cuarto» (no lo prometas, no lo condiciones para que la motivación no sea el premio, sino la recompensa de hacer lo bueno). Hacer lo bueno agrada a Dios y trae beneficios.
  «Instruye al niño en su camino» (Proverbios 22:6).
  «Padres, no provoquéis a ira a vuestros hijos» (Efesios 6:4).
  «Hijos [...] honra a tu padre y a tu madre» (Efesios 6:1-2).
- En la Biblia vemos que a Esaú le gustaba cazar y a Jacob le gustaba cocinar (lee Génesis 25:19-34). Hay aptitudes y preferencias; considéralas.

HOMBRES QUE LLEVAN BIEN PUESTOS LOS PANTALONES

Hombre de verdad (Proverbios 20:6; 28:20): Hay una imagen que Dios quiere que alcancemos, la imagen de Cristo, a la medida de la estatura de un varón perfecto (Efesios 4:13). Cristo es nuestro ejemplo.

Mujeres, no se conformen con menos. El modelo no es papá, ni el abuelo, ni el pastor, ni es lo que tienes delante. El modelo es Cristo (si tu marido no se comporta como Cristo, ayúdalo a cambiar).

El reto no es ser mejor que nadie, sino es ser como Cristo. No te compares con nadie, no pierdas tu tiempo queriendo ser más que otro, mira a Cristo. Pon tus ojos en el autor y consumador de nuestra fe (lee Hebreos 12:1-2).

EL HOMBRE DE VERDAD

1. Ama a su familia e hijos. El que ama se preocupa y se ocupa de su familia (Efesios 5:25).
2. No es machista ni egoísta, no exige mucho ni da poco (1 Corintios 13:5).
3. No es mezquino. Es buen proveedor (1 Timoteo 5:8).
4. No tiene «mamitis». Primero está su esposa, pero no se olvida de su mamá (Génesis 2:24).
5. Ayuda a la esposa y los hijos, hace el bien (Hebreos 13:16).
6. Es firme en sus decisiones. No es fluctuante (Santiago 1:8; 4:8).
7. Tiene sensibilidad por el que sufre y lo ayuda (Mateo 25:35-36).
8. Obedece la Palabra, no es tan solo oidor (Santiago 1:22).
9. Comprende. No solo entiende, actúa en amor y verdad, como Jesús (Juan 3:16).
10. Es justo, está preparado para toda obra buena (2 Timoteo 3:16-17).
11. Teme a Jehová. Sabe que su vida depende de Dios (Salmo 128:1-4; 127:1).

EL LOGRO DE UN HOGAR ESTABLE

¿CÓMO SE LOGRA UN HOGAR ESTABLE?

Una de las bendiciones más hermosas que Dios nos ha dado es la familia. El hogar determina mucho nuestra clase de vida y marcará nuestras vidas para siempre. Sin embargo, no es fácil edificar un hogar, aprender a llevarse bien con los demás miembros de la familia y sostenerse juntos en toda situación. Se complica ante tanta influencia negativa que recibe la familia a través de muchos medios y diferentes conceptos de interpretar la vida. Esto hace más complicada nuestra labor de establecer nuestro hogar. Hay un método a establecer para todo lo que venga por delante: Estar firmes en la Palabra de Dios.

> *Con sabiduría se edificará la casa, y con prudencia se afirmará;*
> *y con ciencia se llenarán las cámaras de todo bien preciado*
> *y agradable. El hombre sabio es fuerte, y de pujante vigor el*
> *hombre docto.*
>
> *Proverbios 24:3-5*

Para disfrutar en familia es necesaria una tarea de mucha responsabilidad.

EXISTEN TRES ELEMENTOS FUNDAMENTALES

Estos tres elementos son columnas sólidas para edificar una casa:

1. Sabiduría: Nos habla de la dependencia de Dios.
2. Prudencia: Nos habla de la manera de ser, nuestro carácter, nuestra madurez.
3. Ciencia: Nos habla de la disciplina. Algo que es necesario hacer (adquirir conocimiento, aprender). Nunca dejes de aprender o creer que ya lo sabes todo.

1. SABIDURÍA

La sabiduría sirve para edificar. Nos capacita para resolver problemas. En la vida nos encontraremos con distintas situaciones a resolver. La sabiduría será necesaria y esto nos habla de relación con Dios, porque Él nos ofrece sabiduría abundante cuando confiamos y se la pedimos (Santiago 1:5).

¿De dónde viene la sabiduría? De Dios. Nos revela que, para afrontar cualquier situación en la vida, necesitamos la ayuda de Dios. Cada vez que resolvamos un problema de la forma adecuada, daremos un paso adelante.

Construir un hogar feliz depende de una relación constante con Dios. Para eso es preciso tomar en cuenta a Dios en todo. Él nos mostrará lo que debemos hacer (Proverbios 1:7).

Saber escuchar a Dios y hacer su voluntad nos hará sabios (Deuteronomio 4:5-6).

Ora a Dios, escucha su voz, haz lo que te dice y te hará sabio. Detrás de cada decisión deber haber oración. La sabiduría es para edificar, construir, levantar la casa.

2. PRUDENCIA

La prudencia sirve para afirmar. Para que seas estable, sólido y resistas todos los embates de la vida.

Precaución: Evita todo lo que te pueda causar problemas. Si te puede causar problemas con tu mujer, con tus hijos, con tu trabajo, en el negocio, etc., no lo hagas.

- La prudencia es una virtud que permite prever las faltas y los peligros.
- La prudencia habla de formación de carácter, de la manera de ser.
- La prudencia tiene mucho que ver con el dominio propio. Controlar los impulsos, pensar en las consecuencias. Es ser avisado, no atolondrado o despistado (2 Timoteo 1:7).
- El prudente pone freno a su lengua. No habla por hablar (Proverbios 10:19).
- El prudente se prepara con antelación para cualquier circunstancia (Proverbios 14:15).
- El prudente evita el peligro. Percibe con anticipación lo que puede pasar (Proverbios 22:3).
- El prudente oye y hace la Palabra de Dios (Mateo 7:24).

Ser prudente te afirmará, te fortalecerá y te hará estable ante cualquier situación a ti y a tu casa (Mateo 7:25).

¿Mi vida estará libre de esto? ¿Mis hijos estarán libres? No, no lo estarán, pero si tienen buenas bases, estarán firmes. Los problemas vienen y golpean a todos por igual.

El hombre prudente se preparó para el tiempo difícil. Ejemplos: enfermedades, muerte de un ser querido, pleitos, falta de moral en otros, fe dividida, resultados de no haber hecho la voluntad de Dios a tiempo. Al que estaba fundado sobre la roca, lo golpearon los ríos, pero no lo voltearon.

3. CIENCIA

La ciencia es para provisión y sustento. Esto quiere decir que es importante aumentar el conocimiento. Aprender siempre es bueno. Adquirir conocimiento requiere disciplina y decisión. La Biblia enseña que aborrecer el conocimiento es insensatez (Proverbios 1:22).

Dios tiene todo conocimiento. Por lo tanto, al acercarnos a Dios, adquirimos conocimiento (1 Corintios 1:5).

La adquisición de conocimiento nos lleva a disfrutar lo mejor. Como resultado, nos brinda una mejor vida (Filipenses 1:9-10).

Dios te puede dar sabiduría y ciencia en distintas esferas y de distintas maneras. Sé entendido y no cierres las fuentes de tu provisión (1 Corintios 2:10-13).

La ciencia, el conocimiento, te abre puertas para posiciones mayores (Daniel 1:4; 5:11-12). En Dios está la sabiduría y la ciencia. Esfuérzate a crecer en sabiduría y ciencia donde Él te ha puesto. Alimenta y estimula el conocimiento.

Estos tres elementos los puedes encontrar en el Señor. Esto quiere decir que toda persona que conoce a Cristo es capaz de tener un hogar feliz, sólido y estable. Si tienes necesidad de sabiduría, prudencia o ciencia, solo acércate a Dios (Hebreos 4:16).

LOS SIETE INGREDIENTES DE UN MATRIMONIO FELIZ

8

AMOR

UNO DE LOS SIETE INGREDIENTES PARA UN MATRIMONIO FELIZ

¿Por qué el amor en primer lugar? Porque es el vínculo perfecto. El vínculo es igual a la unión. Es el lazo perfecto que contiene lo necesario para mantenernos unidos. Dios nos quiso decir a los matrimonios que cuidemos ese amor, que no lo apaguemos, pues el amor resiste las aguas y las tormentas (Cantares 8:7; 1 Corintios 13).

Sin embargo, hay personas que se aman y viven peleando porque descuidan su nivel de amor, no saben amar, su amor solo se basa en sentimientos. Dios nos llama a amar de la manera que Cristo amó a la Iglesia, y ese debe ser nuestro nivel. Si Dios nos llama a amar así, es porque nos ha capacitado para llegar a ese nivel; además, nos promete ayudar. Él suple todas nuestras necesidades.

A. UN AMOR INCONDICIONAL

Y la esperanza no avergüenza; porque el amor de Dios ha sido derramado en nuestros corazones por el Espíritu Santo que nos fue dado.

Romanos 5:5

Dios ha puesto su amor en nuestros corazones, un amor puro, capaz de amar a esos niveles requeridos. Ese es el amor con el que nos ama y ese es el amor con el que se requiere que amemos a nuestra pareja, un amor sin condiciones.

Nosotros lo condicionamos: «Si haces esto, si me atiendes, si me obedeces, si haces lo que me gusta, si me ayudas, si me cocinas, si me consientes, si me das lo que te pido», etc., de eso depende que ame, más o menos. Lo condicionamos a las situaciones, y en vez de crecer el amor, parece que se disipa con los años. El amor implica responsabilidades, no condiciones. Cuando condicionas el amor, lo debilitas, así que cuídalo, aliméntalo, no lo ensucies. El Señor advirtió: «En el mundo tendréis aflicción». Sin embargo, también dijo: «Pero confiad, yo he vencido al mundo» (Juan 16:33).

Algunos dicen: «Todo marchaba bien hasta que pasó esto o lo otro». Otros dicen: «Yo pensaba que iba a ser de tal manera, pero no fue así». El amor es incondicional en los tiempos buenos y en los tiempos malos. Dile a tu esposa o esposo: «Te voy amar de manera incondicional, como Cristo amó a la Iglesia. Aunque estés viejito, aunque estés gordita, aunque estés enferma, aunque cambies o no cambies, te voy a amar toda mi vida». Cuando ambos nos comprometemos a amarnos así, aun los defectos más grandes podemos tolerarlos, y los años pasarán y estaremos fuertes en ese vínculo perfecto que es el amor que Cristo ha puesto en nuestros corazones. Siempre que hagas algo que afecte a tu pareja, pregúntate: «¿Cristo lo haría por su Iglesia?».

B. UN AMOR RESPONSABLE

Cuando alguien dice: «Yo amo a mi pareja», puede que esté diciendo que siente algo. Eso es bueno, pero el amor es más que un sentimiento, es un compromiso. El amor del Padre hizo algo y nos benefició (Juan 3:16).

- El que ama protege del frío, del calor, del hambre, del peligro, del mal ambiente, de las malas influencias, de posibles enfermedades, etc.

- El que ama restaura. Cuando ve el problema no huye, lo afronta para resolverlo, sanarlo, limpiarlo (Efesios 5:26-27).
- El que ama provee los medios para una relación sana (1 Timoteo 5:8).
- El que ama alienta, anima, honra (1 Pedro 3:7).
- El que ama sujeta su relación a la Palabra de Dios (Santiago 1:22).
- El que ama no olvida su primer amor.

Mantén tu primer amor:

> *Pero tengo contra ti, que has dejado tu primer amor. Recuerda, por tanto, de dónde has caído, y arrepiéntete, y haz las primeras obras; pues si no, vendré pronto a ti, y quitaré tu candelero de su lugar, si no te hubieres arrepentido.*
>
> *Apocalipsis 2:4-5*

Haz lo que hacías al comienzo, tus primeras obras. Arréglate, emociónate. Seguro que en esos primeros tiempos que se conocían no había cansancio. Su amor justificaba las faltas y estabas dispuesto a superarlas, las enfrentabas con valor y sabías que las ibas a vencer. Por lo tanto, ten esa misma actitud.

El amor te lleva a ser fiel hasta la muerte (Apocalipsis 2:10). A ser puro («el que es santo, santifíquese todavía» [Apocalipsis 22:11]). Es necesario un carácter firme contra el pecado, la tentación, la seducción. Vigila y afirma tu pacto matrimonial. Afírmalo, no te descuides, sigue haciendo lo bueno. Evita una relación a medias. Que tu amor sea intenso, ferviente, apasionado. Cuando mires a tu cónyuge, que te brillen los ojos, que aflore la sonrisa, que te motive a soñar, que te incite a la acción con fuerzas para defenderle ante quien sea. Con ese amor, lo más simple se volverá exquisito. El amor se demuestra en confianza, en ternura, en buenas obras.

- El amor no está en juego.
- El amor no debe estar sujeto a las circunstancias, el amor debe fluir siempre.

Cuando el hombre o la mujer no expresa su amor, provoca:

- Baja autoestima
- Enfriamiento
- Amarguras
- Corte de la comunicación
- Enfriamiento sexual
- Desconfianza
- Temores
- Desmotivación
- Frustración
- Tristeza
- Interrupción de los sueños
- Inseguridad
- Celos
- Divorcios
- Deterioro en la vida espiritual
- Y afecta a los hijos

El amor necesita cuidado, atención.

UN ESPOSO AMOROSO

Dios no te dijo que entiendas a tu esposa, te dijo que la ames.

Goza de la vida con la mujer que amas, todos los días de la vida de tu vanidad que te son dados debajo del sol, todos los días de tu vanidad; porque esta es tu parte en la vida, y en tu trabajo con que te afanas debajo del sol.

Eclesiastés 9:9
(lee también Efesios 5:25-33)

UN ESPOSO AMOROSO CON SU ESPOSA

1. Está unido a ella. Goza la vida con la mujer que ama.
2. Se compromete de por vida.
3. La ama como a su propio cuerpo porque ahora los dos son uno, y es parte de su cuerpo.
4. Está dispuesto a dar su vida por ella (todo lo que hace es para hacerle bien, invierte su vida en bendecirla).
5. La honra por ser hija de Dios. La valora, no la rebaja, no la menosprecia.
6. La trata con delicadeza, como a vaso frágil.
7. No le causa dolor, le genera alegría y risas. Se alegra.
8. Desea que crezca como mujer, esposa y madre. (Un líder de verdad).
9. Inspira fe y la ayuda a tener una mejor relación con Dios. (Un hombre de verdad).

El hombre que teme a Jehová, y en sus mandamientos se deleita en gran manera.

Salmo 112:1

En estos pasajes leemos que Dios dice que si eres justo, te irá bien y te escuchará:

Decid al justo que le irá bien, porque comerá de los frutos de sus manos.

Isaías 3:10

Mas los justos serán premiados con el bien.

Proverbios 13:21

La oración eficaz del justo puede mucho.

Santiago 5:16 (lee también 1 Pedro 3:12

9

RESPETO

UNO DE LOS SIETE INGREDIENTES
ARA UN MATRIMONIO FELIZ

En Efesios 5:33, leemos: «Por lo demás, cada uno de vosotros ame también a su mujer como a sí mismo; y la mujer respete a su marido».

¿Qué es respeto? Consideración y honra. En 1 Pedro 3:7 se nos alienta a honrar a la esposa y honrar al esposo con manifestaciones de cortesía:

Vosotros, maridos, igualmente, vivid con ellas sabiamente, dando honor a la mujer como a vaso más frágil, y como a coherederas de la gracia de la vida, para que vuestras oraciones no tengan estorbo.

Honrar enaltece, premia con atenciones y valores, es reconocer con palabras las obras de otro. Exáltalo, dale importancia, atiende a tu cónyuge, pues merece respeto. Después de Dios, lo más importante es tu familia, comenzando por tu cónyuge e hijos. Si no respetas, difícilmente te respetarán.

Respeto es fidelidad. No seas desleal para la mujer de tu juventud (Malaquías 2:14, Mateo 5:31-32; 19:8-9). Fiel es igual a ser siempre confiable, leal, sincero, retiene lo que se le confía, es constante, perseverante en sus promesas, se mantiene fiel a su pacto. Dios requiere que seamos fieles con Él y con sus hijos (1 Corintios 7:2, Hebreos 13:14). El adulterio causa divorcios.

Respeto es honestidad. Decente, casto, recatado en acciones y palabras, es la principal virtud de la mujer.

Según el Diccionario Larousse, significa: «Puro, limpio, sin mezcla».

Según la Biblia, el valor de la mujer está en su pureza (1 Pedro 3:2-4). La mujer pura es de gran valor. Cuando se habla de diáconos, de servir al Señor, atendiendo las mesas o cualquier otro servicio, es un requisito importante que las personas sean honestas (1 Timoteo 3:8-11) La honestidad gana respeto.

QUEJAS EN EL DIARIO VIVIR

- Que no me oculte nada.
- Que me digan siempre la verdad.
- Deseo que sea más comunicativo.
- Quiero ir de compras y poder gastar (él no quiere que salga y menos que gaste. Será necesario entender a la mujer, y entender al hombre, sobre todo el bolsillo).
- La puntualidad: Tenemos dos relojes diferentes.
- Se enoja y grita: Moldear el carácter con la Palabra y la ayuda del Espíritu.
- Falta de espiritualidad, falta de deseos de leer juntos la Biblia.

¿Qué hacer cuando tu pareja no valora lo que haces? Para poder cumplir lo que nos señala la Escritura de dar al que honra, honra.

SERÁ NECESARIO...

Consideración. Las responsabilidades de la casa son de los dos. ¿Cuáles son las responsabilidades del hogar? Cocinar, limpiar, hacer las compras, realizar los pagos, lavar la ropa, etc.

Trabajar es responsabilidad de los dos. ¡Hay que trabajar! Ella también puede contribuir para el sostén del hogar, trabajando fuera de casa, si es necesario.

Ser más divertido. No todos son aburridos, pero siempre es bueno sumar en este aspecto. La risa alimenta el alma.

Si uno no tiene iniciativa, toma la iniciativa. No digas: «¿Por qué siempre yo?». No te canses de hacer el bien.

10

COMUNICACIÓN TRANSPARENTE

UNO DE LOS SIETE INGREDIENTES PARA UN MATRIMONIO FELIZ

La comunicación es sencillamente transmitir una idea o pensamiento. La comunicación más usual puede ser verbal, pero también escrita o corporal. Hablando de parejas, cuando tu esposa te pone una mala cara, ya sabes lo que quiere decir, ¿verdad? No dijo ni una sola palabra, pero ya te hizo un gesto que traducido es:

—No me hables por lo menos en una semana.

—Pero si yo no te dije nada.

—No hacía falta decirlo, la forma en que actuaste me comunicó y me transmitió un mensaje.

Es probable que el receptor malinterpretara el mensaje y pasaran una semana enojados, y lo cierto es que no era para tanto, pero uno de los dos lo entendió así. Por eso es muy importante la manera en que comunicamos el mensaje. A veces, el mensaje es apropiado, pero la forma de comunicación provoca problemas u origina rechazos.

Una mala comunicación, de cualquier clase, afecta los sentimientos, el ambiente, la relación. Como notarás, la comunicación es constructiva, altera tus emociones, y tus emociones pueden alterar tus acciones, para bien o para mal. La comunicación es importantísima porque influye en la relación. La buena comunicación nos ayuda a disfrutar de una buena relación.

Veamos ahora la comunicación verbal, ya que es la que más utilizamos. La corporal es la de gestos, modales, señas. A veces uno quiere decir algo, pero al hablar no se logra el objetivo; por el contrario, se empeora la situación. A veces las ideas no las expresamos bien, por eso también es importante usar la comunicación escrita.

Por otra parte, debemos tener mayor cuidado con la comunicación verbal. Efesios 4:29-31 nos dice:

> *Ninguna palabra corrompida salga de vuestra boca, sino la que sea buena para la necesaria edificación, a fin de dar gracia a los oyentes. Y no contristéis al Espíritu Santo de Dios, con el cual fuisteis sellados para el día de la redención. Quítense de vosotros toda amargura, enojo, ira, gritería y maledicencia, y toda malicia.*

¿Qué es una palabra corrompida? Malas palabras, palabras groseras, ofensivas, que provoquen conflictos y contiendas.

LO QUE NOS ENSEÑA ESTE PASAJE

Todo lo que hablamos, o decimos, nos afecta a nosotros mismos. Sea bueno o malo, afecta al oyente. Y también afecta nuestra relación con Dios. Si lo que dices no es bueno, tendrás problemas con Dios y el Espíritu se entristece. Si hablas bien, das libertad al Espíritu Santo. Entonces, ¿qué depende de lo que hables? Depende de tu relación con Dios, de sentirte bien contigo mismo, de tus relaciones con los demás. Es evidente que tu vocabulario refleja lo que hay dentro de ti, pues «de la abundancia del corazón habla la boca» (Lucas 6:45).

Entonces, lo que dices afecta tu vida, la de los demás, así como tu relación con Dios. Lo que hablas con tu esposa afectará para bien o para mal. Lo que le dices a tus hijos les afectará para bien o para mal. Pregunto: «¿Es importante la comunicación en tus relaciones?». Por supuesto, de ahí que la Palabra de Dios nos aconseje que ninguna palabra corrompida salga de nuestra boca. ¿Qué es una palabra corrompida? No solo significa una palabra grosera, sino también una palabra con mala intención. Cuando dicen: «Ahí va una persona corrompida», no necesariamente quiere decir que ahí va una persona grosera. Una palabra corrompida es la que no lleva un buen propósito. Por ejemplo, hay personas que cuando hablan tuercen la realidad, tuercen la verdad, o hablan en doble sentido. La finalidad es que lo que digan se entienda de otra manera. Lo que comunican no es con exactitud lo que es ni su sentir es real, sino que tratan de comunicar con mucha sutileza lo que a ellos les conviene que sepas o creas.

En la comunicación no debe haber corrupción, sino transparencia, sin nada oculto, sin secretos, sin sacar ventaja. No hay nada que sepas que tu cónyuge no pueda saber.

¿Andarán dos juntos, si no estuvieren de acuerdo?

Amós 3:3

Esto se ajusta tanto para algo bueno como para algo malo. El desacuerdo trae separación. Pónganse de acuerdo ante el desacuerdo. En el desacuerdo, el acuerdo se logra al llevarlo a Dios en oración (Mateo 18:19).

Ponerse de acuerdo es unirse (decidir unirse). No importa quién se meta, quién tire sus dardos, quién quiera separar, no podrán lograrlo si estamos unidos. Para todas las cosas nos ponemos de acuerdo: dinero, relación sexual, hijos, trabajo, casa, etc.

EL CIELO O EL INFIERNO EN CASA

LA LENGUA

La Biblia habla de comunicación y, en esta tierra, este medio principal te puede llevar al cielo, pero también al infierno de vida.

Porque todos ofendemos muchas veces. Si alguno no ofende en palabra, éste es varón perfecto, capaz también de refrenar todo el cuerpo.

Santiago 3:2

Con la lengua ofendemos todos, sin excepción, y muchas veces. Esto se puede corregir y sanar.

Así también la lengua es un miembro pequeño, pero se jacta de grandes cosas. He aquí, ¡cuán grande bosque enciende un pequeño fuego! Y la lengua es un fuego, un mundo de maldad. La lengua está puesta entre nuestros miembros, y contamina todo el cuerpo, e inflama la rueda de la creación, y ella misma es inflamada por el infierno.

Santiago 3:5-6

La lengua es un instrumento de contaminación o bendición, así que esa lengua que tienes puede traer el infierno o el cielo a tu casa. Cada cosa que hagas piénsalo cinco o seis veces, porque antes de hacerle daño a otra persona, te haces daño a ti mismo debido a que echas a perder tu familia y tus hijos. Algo donde nos duele mucho es cuando afecta a nuestros hijos, y los hijos son el reflejo de los padres. Tal vez tú estés tranquilo porque ellos son chicos, pero cuando crezcan, recibirán bofetadas si no hacen lo que se espera de ellos. Los chicos cambian y ese tesoro hermoso que pensabas que tenías, de repente comienza a cuestionar. Así que, actúa desde ahora, presta atención, no te confíes. La mejor manera de estar confiado es hacer lo que Dios dice. Por eso hay que escudriñar las Escrituras para aprender. No basta con asistir a la iglesia. Asiste también a reuniones y seminarios sobre la familia, lee libros sobre el tema (veo que lo estás haciendo, y es bueno).

Del fruto de la boca del hombre se llenará su vientre; se saciará del producto de sus labios. La muerte y la vida están en poder de la lengua, y el que la ama comerá de sus frutos.

Proverbios 18:20-21

Te alimentarás de lo que hablas. Lo que quieras cosechar de tu matrimonio dependerá de lo que hables. El futuro de tus hijos también dependerá de lo que hables, pues lo que les digas marcarán su vida para siempre. Por eso aprende a hablar como es debido. La muerte y la vida, dos extremos, ambos están bajo el poder de la lengua. Te quejas demasiado, gritas, lloras, insultas, de eso mismo cosecharás cuando tus hijos crezcan y comiencen a pensar por su cuenta. Ya no te van a creer nada de lo que les digas porque saben a la perfección quién eres. De ahí la gran importancia que tiene tu vocabulario. Decide bendecir a tu familia, solo di todo lo que Dios dice de ti y díselo a tu familia, repíteselo, créelo, vívelo. Dios te dio autoridad para hacerlo. Se edifica más diciendo lo bueno que recordando lo malo.

CUATRO ELEMENTOS FUNDAMENTALES DE LA COMUNICACIÓN

1. LO QUE HABLAS

¿Qué es lo que hablas? ¿Dices siempre la verdad? ¿Eres negativo? Hay gente que se está quejando todo el tiempo y lleva siempre la contra. Hay gente que no dice nada sin gritar o llorar. La Palabra dice: «Pedís, y no recibís, porque pedís mal» (Santiago 4:3). Esto significa que hay una forma adecuada de pedir, y es con fe. Así que piensa bien, no pidas gritando, llorando, jugando, riendo todo el tiempo, si ni siquiera sabes lo que pides, si pides demasiado no está bien, por eso hay que saber hablar y comunicarse. Para expresarte de manera apropiada, debes hablar con verdad, seriedad y sinceridad.

Entonces:

- Di lo que piensas.
- Di lo que sientes.
- Di lo que necesitas.
- Di lo que esperas.

2. LO QUE ESCUCHAS

Hay que aprender a escuchar. Muchas veces no escuchamos y ahí está el problema. Si no escuchas, no tendrás buenos resultados porque no vas a entender. El que no escucha lo que nos dice la Biblia es necio, tonto. No se puede tener un buen juicio sin antes escuchar. Cuando tengas un pleito, escucha bien. Si quieres ser inteligente, escucha.

> *Al que responde palabra antes de oír, le es fatuidad y oprobio.*
>
> *Proverbios 18:13*

> *¿Juzga acaso nuestra ley a un hombre si primero no le oye, y sabe lo que ha hecho?*
>
> *Juan 7:51*

No se puede juzgar si antes no escuchas. ¿Se podrá tener un buen juicio si no escuchas? Si no escuchas a tu pareja, no podrás actuar bien. Tienes que aprender a escuchar, sin importar la situación. ¡Aprende a escuchar! Esto se puede corregir, sanar, y evitarás problemas.

3. LO QUE ENTIENDES

Es importante que entiendas, no que seas entendido ¿Qué tienes que hacer para entender? Prestar atención, escuchar, examinar, pensar, analizar. ¿Percibes lo que la persona está pensando cuando te está hablando? ¿Te das cuenta lo que siente el otro cuando te habla? Puede que la persona te diga una grosería, pero debes aprender a escuchar su corazón. A veces alguien te habla de mala forma, pero te dice la verdad, lo que hay en su corazón. La manera estuvo mal, pero lo que te dijo es lo apropiado. Entonces, si no escuchas bien y entiendes, te enojas por la forma y no aceptas la verdad porque no te gustó cómo te lo dijo. Cuando escuchas, ¿te das cuenta lo que necesita tu interlocutor? Es necesaria una buena comunicación, y para eso hace falta aprender a escuchar y a entender.

Cuando tu cónyuge te dice algo, ¿sabes lo que espera de ti? La mujer a veces dice algo y espera que el marido conteste porque quiere escuchar algo de él. Sin embargo, el hombre no suele hacer lo mismo. La relación de pareja no es nada fácil, es complicada, pero se aprende. El hombre tiene que aprender lo que ella espera de él. Toma en cuenta todo esto cuando hables, converses, discutas. La Biblia dice: «Airaos, pero no pequéis; no se ponga el sol sobre vuestro enojo» (Efesios 4:26). Que tu enojo no te ciegue, y que en vez de resolver problemas, te los origine, te destruya por tu enojo, agraves la situación y caigas en pecado.

Así que, hay que aprender incluso a discutir. Lo único que hacen la gritería y los insultos es herir, lastimar, dañar sentimientos, crear malos pensamientos. Por eso hay que aprender a hablar bien, a expresar bien tus sentimientos, lo que no te gusta, lo que no te parece, pero no tienes que ofender. Hay que aprender en todo tiempo a ser amable y amoroso.

4. LO QUE RESPONDES

La manera en que respondas será el resultado de lo que escuchas, entiendes y desee tu corazón. Si no escuchas y no entiendes, el resultado será desastroso. No siempre tenemos la respuesta para todo, pero todo tiene solución. Entonces, no trates de darle solución si no tienes la respuesta. No permitas que tu enojo te lleve a tomar decisiones tontas, pues todo se puede solucionar. Algo importante, la Biblia dice que el Espíritu Santo nos guiará a toda verdad. Entonces, si el Espíritu Santo nos guía a toda verdad, ¿adónde te guiará si estás conectado al Espíritu contristado? De seguro que no te guiará a toda verdad. ¿Qué es lo que contrista al Espíritu? Lo que hablas, cuando hablas mal. Cuando no hablas bien, lo primero que haces es cortar la ayuda de Dios porque contristas al Espíritu. Entonces, pierdes su guía a toda verdad, pues tú mismo cortaste esa ayuda.

Lo que hablas es fundamental para anular al Espíritu o acercar al Espíritu. Si quieres la guía del Espíritu, es fundamental hablar bien. De ahí que la Biblia nos enseñe lo siguiente: «La muerte y la vida están en poder de la lengua, y el que la ama comerá de sus frutos» (Proverbios 18:21).

11

RELACIONES SEXUALES

UNO DE LOS SIETE INGREDIENTES PARA UN MATRIMONIO FELIZ

La relación sexual es el motorcito que genera la unidad en la pareja. Por esta razón, toma en serio su función y cuídala.

LA RELACIÓN SEXUAL ES UNA BENDICIÓN

Preocúpate por saber cuál es el aspecto débil y fuerte, sus cualidades, reconoce lo que genera, respétense, mantén la primera atención para tu cónyuge.

Las intimidades no son para contarlas a otras personas, pues eso traerá problemas posteriores. Protege la privacidad.

Prepara el lugar y el ambiente. Lee Cantares, capítulos 2 y 7. Evita los malos olores. No descuides tu relación. Disfrútala, mejórala, respétala. Es el momento más único en la pareja.

Preocúpate en edificar y bendecir tu relación. Sé suave, tierno, apasionado, amoroso, y no dejes de tocar. Aprieta su mano, acaricia, abraza. Para esto no se requiere un momento especial.

Edificar significa agregar lo que falta. Para eso es bueno motivar para que otro desarrolle la virtud y agregue lo necesario (Romanos 14:19, 15:2; Hebreos 5:11). Puedes edificar a tu cónyuge motivándolo, admirándolo, apoyándolo, poniéndote a su lado y aplaudiendo cada esfuerzo que realice. No resaltes los defectos, exalta sus cualidades.

Separa tu tiempo. No permitas que las amistades, ni los hijos, ni los nietos te quiten tu tiempo de intimidad con tu pareja.

Si se ha descuidado y hacer el amor se ha vuelto un compromiso: ora, sé creativo, vuelve a preparar el terreno, remueve la tierra (recuerda anécdotas bonitas), agrega abono (vitaminas, ejercicios, cambia la rutina), fertiliza (caricias, elogios), añade insecticidas (saca los insectos que se comen las hojas, el tiempo o familiares que intervienen o amigos), agrega agua, provee calor. Los tulipanes están allí, volverán a salir si provees las condiciones. El amor y el deseo no se han muerto, están allí. Sin embargo, necesita las condiciones para que brote la nueva planta, con tallo flamante, con hojas lozanas, verdes y hermosas, flores recientes que harán de tu relación un jardín hermoso. No te des por vencido, pues incluso en la vejez disfrutarás de la relación sexual.

CUANDO UNO QUIERE Y EL OTRO NO

La relación sexual no es solo para cuando tienes ganas, sino que es una responsabilidad, dispone tu voluntad (lee 1 Corintios 7:1-6). Cuando uno no quiere tener relaciones en el matrimonio, no quiere dar amor, cariño, caricias, etc., quizá se deba a que simplemente no se tiene ganas. El Señor nos dice que la relación sexual es una responsabilidad y no está sujeta a la voluntad; que tus emociones no gobiernen tu voluntad.

«No os neguéis el uno al otro» (1 Corintios 7:5). La relación sexual es dar, no tenerla es retener (Cantares 4; 1 Corintios 7). «Mi amado es mío, y yo suya» (Cantares 2:16), así que dale lo mejor de ti. Nadie puede tener mayor conocimiento de ti que tu amado. Lo que compartes no se gasta. Esmérate en satisfacerle.

Sentir deseo sexual es normal, pero satisfacer tus deseos es diferente. Debes expresar lo que te gusta y que no rompa la rutina. Sé ameno, levanta la autoestima, habla cosas lindas, viste ropa atractiva. Ocúpate de tu vida sexual, no dejes que solo surja por instinto natural, anímense el uno al otro.

En la vida hay muchas razones y muchas etapas, pero sé responsable. El matrimonio es responsabilidad, sin importar la etapa que estés pasando; trata de cumplir, de preocuparte, a fin de que en todo tiempo el acto sexual sea un deleite. Cuida tu salud, tu tiempo, tus fuerzas, los detalles, asea tu cuerpo, cuida también la comunicación, que las presiones no te hagan bajar los brazos. Si no descuidas tu vida sexual con tu cónyuge, y la alimentas, te ayudará mucho en tu vida diaria.

¿Cómo ves a tu amado? Si lo ves como describe Cantares 5:9-16, tu respuesta será como ella menciona en Cantares 4:16.

¿Cómo ves a tu amada? En Cantares 4:1-15, el esposo alaba a la esposa.

Si lees estos pasajes, te darás cuenta que parece que ella tiene al hombre perfecto y él a la mujer perfecta. Tal vez pienses que estás lejos de eso, pero lo que describe es al amado y la amada. Ama a tu pareja, y disfrutarás la relación sexual.

Si falta chispa, explosión, motivación, juega y déjalo jugar, verás que tu actitud será muy eficaz.

- Levanta tu autoestima. Di cosas lindas, la autoestima te ayuda a disfrutar más los placeres. Cuando te ves fea, ¿cómo te sientes? Cuando te ves bonita, ¿cómo te sientes? Considerarás a otro como a ti mismo (ama a tu prójimo como a ti mismo). Ocúpate en verte bien. Olvida por un rato las cuentas y los problemas, para todo hay tiempo y todo tiene su lugar.
- La relación sexual es para unir. Hay que solucionar lo antes posible todo obstáculo que estorbe esa unión. Cuando uno tiene sentimientos contrarios que afectan el amor de su pareja e impiden su cercanía, hay que afrontarlos y resolverlos, pues

dejar de tener relaciones sexuales va en contra de la solución. Perderás intimidad, perderás amistad, perderás ayuda, perderás placer, y tu corazón se endurecerá.

- <u>Todo problema tiene solución, si quieres</u>. Recuerda tu pacto. Tú haces tu parte y Dios hace la suya. Tú haces lo natural y Dios hace lo sobrenatural. No te digas esto: «Lo mío ya no tiene solución». Si haces primero tu parte, Dios hará la suya. Dios honra a los que le honran. Al fin y al cabo, hará lo que hizo con Job, y espero que no sea tu caso.

- <u>La relación sexual es para recibir y dar placer</u>. Comunícale a tu pareja si prefieres el descanso (leer, masajes), si prefieres la diversión (compras, deportes, playa), etc. Dile lo que te ayuda a tener una mejor relación sexual.

- <u>La mujer es diferente</u>. Requiere sentirse bien de manera física y emocional. Cuando le duele algo o sus hormonas no están bien, cuesta que responda. El hombre es distinto, tanto en lo físico como en lo emocional, aunque tenga el brazo roto o esté enojado, igual está listo para hacer el amor. Es necesario comprender las diferencias.

Por esta razón, cuida tu parte física, descansa, haz ejercicios, dedica tiempo, cambia algunas actividades por descanso o por actividades que ayuden a tu pareja a sentirse bien. Dale tiempo para que su cuerpo se recupere, tu matrimonio lo necesita. ¿Qué tiempo del día le das a tu pareja? Es necesario que cada uno le comunique a menudo al otro lo que piensa, desea y siente. Hablen de ustedes, no de otros, preocúpense el uno por el otro y disfruten su relación sexual.

LA RELACIÓN SEXUAL RESPONDE A UNA DECISIÓN, NO SOLO A UNA EMOCIÓN

«No tengo ganas». No siempre se tiene ganas, pero elijan tenerla. Está bien hacer el amor cuando uno no quiere, pues está haciendo algo bueno, no está haciendo algo malo (1 Corintios 7). Si existe una razón por la que no quieran tener el amor, díganlo y traten de resolver el problema. Tu esposo no es tu enemigo. No será tan maravilloso, pero será bueno. ¡Ojo! No siempre tiene que ser así, ya que es por concesión, no por mandamiento. No menosprecies al otro, dale el valor que tiene.

NO RENUNCIES NI LIMITES LA RELACIÓN SEXUAL PORQUE DIOS LA DIO PARA QUE LA DISFRUTEMOS

Alégrate con la mujer de tu juventud.
Proverbios 5:18

Goza la vida con la mujer que amas.
Eclesiastés 9:9

Hay quienes dicen: «Mi esposa ya no me ama. No quiere hacer el amor». ¿Cómo quieres que te ame? ¿Qué hiciste para que ya no te ame? Descubre por qué no quiere hacer el amor. ¿Sabes lo que ella quiere? ¿Cómo piensa? ¿Qué necesita?

Quizá quiera hablar, pero tú quieres sexo. La falta de comunicación crea distanciamiento. Por lo general, la mujer quiere que la escuches, necesita desahogarse. Si se siente sola y distante, no habrá relación sexual. Y el hombre también se siente rechazado y solo por la falta del acto sexual.

El problema es simple: que el varón escuche a su esposa y que la esposa entienda a su esposo.

Esposa, tu esposo es un hombre. Esposo, tu esposa es una mujer.

UNA TRAMPA DEL ENEMIGO

Te puede suceder; el enemigo quiere destruir. Si tus deseos no se satisfacen, puede que el enemigo quiera satisfacerlos al comenzar a agrandar los defectos de tu pareja y ver lo que deseas en otra persona.

«El que piensa estar firme, mire que no caiga» (1 Corintios 10:12). No digas: «Ya a mis años, a mí no me puede suceder». Ten cuidado, no te descuides, soluciona tu problema, no te des por vencido, recuerda tu pacto. Dios está dispuesto a ayudarte. Ten cuidado de no cerrar tu corazón a la voz de Dios (no endurezcas tu corazón).

No te conformes con estar juntos, disfruta al máximo, sé feliz en tu relación hasta en tu vejez (Salmo 92:12-15).

Reconoce tu problema, confiésalo ante Dios, arrepiéntete. Ábrele tu corazón a Dios; luego, ábrele tu corazón a tu pareja y vuelve a la intimidad. El enemigo de la relación sexual es el diablo, no tu pareja. Esto quiere decir que tendrán que luchar espiritualmente la batalla en contra del acto sexual y no colaborar con el enemigo (1 Corintios 7:5).

OREN JUNTOS

Si no se comunican juntos con Dios, tendrán problemas en la intimidad. La oración nos afirma como pareja; ante Dios no podemos mentir y nos hace ver nuestra realidad. Orar en la forma que sea no es tan importante como orar juntos. Acuerden vivir juntos ante Dios y no se detengan en las diferencias. Oren juntos si tienen alguna queja el uno contra el otro. Pídele a Dios que te haga entender primero a ti, y después a tu cónyuge. No acuses, sino di: «Señor, enséñame», y dilo de corazón.

¿QUÉ TAN ACTIVO DEBES SER SEXUALMENTE?

- Cuantas más veces puedas, de acuerdo a tu edad y posibilidad.
- Cuantas veces quiera el otro. Lo ideal es que puedas complacer al máximo a tu pareja. Si no, por lo menos encuéntrense en un punto medio.
- Las relaciones sexuales son una bendición dentro del matrimonio. ¿Quieres bendición? El acto sexual ayudará a tu relación de pareja, pues traerá unión, alegría, gozo, descanso.
- Permítele a tu cónyuge que exprese su sentir y presta atención a lo que te dice. Les ayudará a hacerlo mejor.

¿CUÁLES SON LOS LÍMITES?

- Mientras que el Espíritu Santo no te reprenda y tú pareja te lo permita.
- Sodomía o coito anal está prohibido.

Cualquier cosa que creas que está mal, y lo haces, es pecado.

¿ES MALO NO TENER RELACIONES SEXUALES?

Eso no es normal, a no ser que tengan una edad muy avanzada. El acto sexual tiene un propósito. Si no lo practicas, no tendrás sus beneficios (amor, intimidad, armonía, ser uno, desahogo, alegría, etc.).

¿El hombre siempre tiene que comenzar la relación sexual? Ambos pueden comenzar el juego. Hay señales que prepararán el momento. Cada pareja debe conocer esas señales.

Si observas el comportamiento de un gallo, notarás que rodea a la gallina, y la gallina le coquetea al fingir como que picotea a su alrededor. El canario le canta a la canaria.

Hay otros animales en que la hembra le indica cuándo está lista. El macho tiene que hacer algo para indicar que también lo está. A veces danza, prepara el nido, canta o le trae presentes a la hembra para indicar sus deseos, etc. La relación sexual no es lucha libre, sino que es un tiempo de romanticismo, alegría, desahogo, placer, entrega.

¿QUÉ HACER CUANDO UNO TIENE MÁS EXPERIENCIA QUE EL OTRO?

El acto sexual es una relación de amor. La experiencia puede servir o ser de estorbo. Si algo quieres hacer con tu pareja, comunícaselo y háganlo. Luego, disfrútenlo los dos, traten de complacerse el uno al otro. No compares, sé creativo, no hundas tu relación, no la contamines.

El acto sexual es una bendición porque produce alegría, gozo, paz, unión. De allí se originan los seres más queridos de la pareja (los hijos). Dios puso la relación sexual para que la pareja se deleite.

En Génesis 1:27-28 dice que Dios los creó varón y hembra, y los bendijo. La palabra bendecir significa hablar bien, desear lo mejor. Dios les dijo que se multiplicaran como una bendición, no como castigo, y la única forma de reproducirse es a través de la relación sexual.

En Génesis 18:12 leemos que Sara, en su vejez, usó la palabra «deleite» para referirse a la relación sexual. No dijo tortura. Todo iba a ser deleitoso desde su relación sexual hasta su embarazo para el nacimiento del niño. Gracias a Dios por darnos la relación sexual para disfrutarla en nuestro matrimonio.

DINERO

UNO DE LOS SIETE INGREDIENTES PARA UN MATRIMONIO FELIZ

D ios quiere que seas prosperado en todo. Esa es su voluntad, su deseo. No es una promesa. Puede convertirse en una realidad si cumplimos con los requisitos. La voluntad de Dios es que todos sean salvos, pero eso no quiere decir que todos serán salvos.

Hay acciones que tomar, aprenderlas y obedecerlas.

LA ADMINISTRACIÓN DEL DINERO

Ser un buen administrador se logra a través de un proceso que nace en tu corazón. Debes controlar el dinero y no que el dinero te controle a ti.

Dios desea que el dinero nos sirva para bien. Dios desea que tengamos dinero, que lo acrecentemos, que lo disfrutemos y lo compartamos. Debemos ganar el dinero de manera honesta, con trabajo, inteligencia, conocimiento, para que lo disfrutemos de tal manera que nos haga bien y no mal. También que sepamos compartirlo con amor, obediencia e inteligencia. Como todo proceso, esto lleva tiempo para asimilarlo aplicarlo y comprobarlo.

SIETE PRINCIPIOS BÁSICOS ESTABLECIDOS POR DIOS PARA TU VIDA Y TU HOGAR

1. DIOS ES DUEÑO DE TODO

Esto no es para decir: «Sí, yo sé que a Él le pertenecen todas las cosas», sino que necesitas desprender el dinero de tu corazón. Todo lo que tengo le pertenece a Dios. Me lo dio para que lo disfrute, sin olvidar que es de Él y lo debo administrar bien. La Biblia dice que «Dios es el dueño del oro y la plata».

> *Mía es la plata, y mío es el oro, dice Jehová de los ejércitos.*
>
> *Hageo 2:8*

Muchos piensan en esto y dicen: «Dios es el dueño del oro y me lo va a dar a mí», así que lo reclaman como promesa. Y no es una promesa, ¡es una denuncia falsa! Dios dice: «¡Es mío!». Esto es así tanto para inconversos como para el cristiano. Dios no dijo que es tuyo, dijo que Él es el dueño.

> *De Jehová es la tierra y su plenitud; el mundo, y los que en él habitan.*
>
> *Salmo 24:1*

> *Si yo tuviese hambre, no te lo diría a ti; porque mío es el mundo y su plenitud. ¿He de comer yo carne de toros, o de beber sangre de machos cabríos? Sacrifica a Dios alabanza, y paga tus votos al Altísimo; e invócame en el día de la angustia; te libraré, y tú me honrarás.*
>
> *Salmo 50:12-15*

Dios es un Padre responsable. De modo que no dará más de lo necesario a aquel que no sepa administrar, pues sería para su propio daño. Si Dios es el dueño y nosotros sus administradores, ¿crees que Dios pondrá más en nuestras manos si administramos mal?

Por otro lado, administrar bien no es avaricia ni tacañería, pero a veces nos vamos al otro extremo y creyendo que administramos lo cierto es que nos volvemos avaros. Nos aferramos a las cosas y no queremos soltarlas. Dios nos quiere dar algo nuevo y grande cada día, pero nosotros, en cambio, muchas veces nos aferramos a lo viejo y lo cuidamos demasiado. Deja que Dios renueve todas las cosas, entrégale aun lo que «todavía sirve» para recibir lo nuevo. Por ejemplo: Si un buen traje te queda apretado pero está muy bueno, ¡suéltalo! No digas: «Quizá adelgace». ¡Así que suéltalo! Vendrá algo mejor. Dios es el dueño, no te olvides que, en este caso, eso no es ser buen administrador, sino ser tacaño. Dios sabe que aumentamos de peso y también sabe de qué tenemos necesidad. Por lo tanto, ¡no te aferres a lo material! Comparte tus bendiciones y que alcancen a otros de tal manera que vean la mano de Dios a través de ti y lo alaben.

Si no reconoces a Dios en el dinero, ese dinero te traerá aflicción. Siempre tendrán un pero, siempre tendrán una excusa. Dios es dueño de todo, también del dinero. ¿Has visto a algún muerto que se lleve su dinero? El dinero solo sirve aquí en la tierra. Dios te lo da para que lo uses, y lo uses bien.

Dios le ha dado capacidades al hombre y ha establecido reglas con respecto a la administración del dinero. Muchos aplican estas reglas aun sin conocer a Dios y tienen éxito. A veces piensan que es por su capacidad o talento, por su dedicación, y no le dan la gloria a Dios. Tienen dinero, pero no la bendición. El dinero sin la bendición de Dios trae aflicción. Como ves, tampoco el fin es tener dinero para que te vaya bien y lo disfrutes, sino para que también lo compartas con los propósitos de Dios de tal manera que sean un canal de bendición.

La bendición de Jehová es la que enriquece, y no añade tristeza con ella.

Proverbios 10:22

Establece este principio en tu vida, en tu familia, de tal manera que la bendición te persiga, pues el dinero es de Dios.

2. NO TE DESPRENDAS DE DIOS

La vida te llevará por distintas etapas. Cuídate de no desviarte de los principios que aprendiste del Señor y cambiarlos, porque Dios no cambia sus principios. Cuando tenemos algo de dinero y obtenemos logros, podemos pensar que se debió a nuestro trabajo. Cuando no tienes, es más fácil reconocer que será Dios el que te prospera; pero cuando tienes, se te puede olvidar esto con facilidad. La vida es más que tener dinero. Y el dinero es para disfrutarlo, para extender el reino de Dios. Tu confianza, tu familia, no depende de tu dinero, dependen de Dios. Cuida de hacer con tu economía como Él nos indica en su Palabra.

> *Y digas en tu corazón: Mi poder y la fuerza de mi mano me han traído esta riqueza. Sino acuérdate de Jehová tu Dios, porque él te da el poder para hacer las riquezas, a fin de confirmar su pacto que juró a tus padres, como en este día.*
>
> *Deuteronomio 8:17-18*

Depende por completo de Dios porque vendrán momentos en tu vida que para la solución a tus problemas el dinero no te ayudará. Lo que has ahorrado no te alcanzará, tus deudas pueden llegar a ahogarte, los impuestos, las enfermedades, etc. En ocasiones, el dinero no sirve. Si estás en altamar y tu barco se hunde, nadie te va a vender un salvavidas si tiene uno. El Señor dijo que en el mundo tendremos aflicción. De esto nadie se salva, pero los que confían en Él tendrán nuevas fuerzas y la victoria garantizada sobre todas las aflicciones. Por eso aquel que te puso como administrador te dará la solución. También por eso Él dice: «Venid a mí todos los que estáis trabajados y cargados, y yo os haré descansar» (Mateo 11:28).

Las presiones te debilitarán y restarán tu capacidad, así que afectará toda tu vida. Sin embargo, en Él eres más que vencedor y nada de lo que te pase será algo que no puedas superar.

> *Por nada estéis afanosos, sino sean conocidas vuestras peticiones delante de Dios en toda oración y ruego, con acción de gracias.*
>
> *Filipenses 4:6*

Esto te dice que traigas todo al Señor en oración y le agradezcas creyendo que Él te dará descanso. Pon tu vida y tu situación económica en las manos de Dios. Si Dios va a poner su dinero en tus manos, demuéstrale que eres fiel.

3. TEN METAS CLARAS

Si tu hijo te pide cierta cantidad de dinero, lo primero que le preguntas es: «¿Para qué lo quieres?». Eso se debe a que deseas estar seguro que haga buen uso del dinero. ¿Para qué quieres ser prosperado? ¿Para ser antipático o presumido? Algunos, después que prosperan, se olvidan del Señor por sus múltiples ocupaciones y compromisos que no le permiten pensar en otros y, mucho menos, hacer algo por otros.

Algunos quieren una casa, otros quieren una casa, pero más grande; otros, una casa más grande, pero en el mejor lugar de la ciudad, etc. Esto es bueno, de acuerdo a tus posibilidades. El problema se origina cuando el objetivo en tu mente es satisfacer tu propia vanidad. Cuidarán mucho la alfombra, los cristales, sus adornos, que nada se deteriore durante la semana, etc., y pierden el sentido de que una vida vale más que una alfombra. De modo que dejan de ser administradores para volverse dueños de todo. Trata de no olvidarte del corazón de Dios.

Disfruta todo lo material que sea bueno, fíjate metas espirituales y piensa en lo que Dios quiere de ti. ¿Has puesto en tu corazón en qué debes invertir parte de tu dinero (evangelización, misiones, educación, etc.)?

Fíjate metas personales que sean reales, válidas, honestas, serias, responsables, justas. Piensa en tu persona, familia, cónyuge e hijos, tu madre, tus hermanos, los verdaderos necesitados, etc.

Fíjate metas humanitarias a nivel personal. Apoya a alguien que conozcas o alguien que pueda canalizar ayuda a través de instituciones que pertenezcan al reino de Dios, y que se encargan de decirle a la gente que hay un Dios que los ama y no se olvida de ellos. Esto se puede hacer tanto en pequeña escala como en gran escala. Demuestra que eres fiel en lo poco y Dios te pondrá sobre mucho.

4. TRABAJA, ESFUÉRZATE Y SÉ DILIGENTE

Debes tener bien en claro que Dios no bendice a los haraganes, los negligentes, ni a los perezosos, pues vienen a pobreza. «Si alguno no quiere trabajar, tampoco coma» (2 Tesalonicenses 3:10). Dios respalda a todo el que trabaja y se esfuerza. Por otro lado, algunos piensan que solo aquí está la clave, de modo que trabajan y trabajan, y solo desgastan su vida en el trabajo. Trabajar mucho y tener mucho no es lo mismo que tener dinero. Esto tiene que ir unido a los puntos anteriores (Dios es dueño de todo. No te desprendas de Dios. Metas claras. Trabaja y esfuérzate). De lo contrario, trabajarás y ganarás, pero el dinero no será tuyo, sino del médico, del dueño, del abogado, etc. Hasta el diablo te pasará factura, y sin importar lo que ganes, siempre te hará falta y no te alcanzará.

He conocido a muchos profesionales, hombres de negocios muy acomodados, con grandes problemas económicos. Incluso, a algunos los he visto pedir ayuda del gobierno para sostenerse. Para disfrutar el dinero hay que hacer lo que corresponde.

Trabaja y esfuérzate, pues los haraganes no prosperan. Aun así, tampoco te olvides de que Dios es el que te prospera.

> *¿Has visto hombre solícito en su trabajo? Delante de los reyes estará; no estará delante de los de baja condición.*
>
> *Proverbios 22:29*

> *La mano negligente empobrece; mas la mano de los diligentes enriquece.*
>
> *Proverbios 10:4*

> *La mano de los diligentes señoreará; mas la negligencia será tributaria.*
>
> *Proverbios 12:24*

> *El alma del perezoso desea, y nada alcanza; mas el alma de los diligentes será prosperada.*
>
> *Proverbios 13:4*

Los pensamientos del diligente ciertamente tienden a la abundancia; mas todo el que se apresura alocadamente, de cierto va a la pobreza.

Proverbios 21:5

5. MANTÉN LA BENDICIÓN

Para mantener la bendición que te da Dios, necesitas una buena administración. Trabaja para que tengas qué sembrar. No dejes de sembrar y ahorra. La administración según Dios es que lo que ingrese se use de manera que a Él le agrade, se reproduzca; y lo que salga sea menor de lo que entra. Para reproducir debemos vivir con un presupuesto inteligente, real, con fe, para que alcance, se ahorre y se invierta. Hay un tiempo de siembra y luego otro de cosecha. Primero trabajar de manera inteligente para reproducir; después, disfrutar con gozo y compartir con los demás. No te olvides de seguir produciendo, afirmando, invirtiendo, disfrutando y dando, porque esto agrada a Dios.

Lee la parábola de los talentos en Mateo 25:14-30 (hay que invertir y hacerlo con diligencia). También es necesario ahorrar, pero no más de lo necesario. La ley de la siembra y la cosecha es dar para recibir: «Dad, pues, a César lo que es de César, y a Dios lo que es de Dios» (Mateo 22:21). Tú decides a dónde debe ir tu dinero.

6. EL DIEZMO

Una buena administración comienza con el diezmo y las ofrendas. El diezmo mide tu corazón, tu fe, tu obediencia y tu administración. El diezmo es un termómetro que indica tu relación con Dios y tu administración del dinero.

El que diezma le dice a Dios que depende de Él. Somos administradores y no dueños, y esto incluye una gran promesa de que no solo tendrás lo necesario para estar seguro, sino que sobrará en abundancia (lee Malaquías 3).

Algunos piensan que deben dar según hayan prosperado y es cierto, pero eso no quiere decir que no hay que diezmar, eso se ajusta también a las ofrendas.

*Cada primer día de la semana cada uno de vosotros ponga
aparte algo, según haya prosperado, guardándolo, para que
cuando yo llegue no se recojan entonces ofrendas.*

1 Corintios 16:2

Si Dios te ha prosperado más, entonces tienes que dar más. El
diezmo no fue dado en el tiempo de la ley. No es una regla para
salvación, es un principio de prosperidad y bendición. Este principio
de prosperidad se le enseñó a Abraham, el padre de la fe.

*Entonces Melquisedec, rey de Salem y sacerdote del Dios Altísi-
mo, sacó pan y vino; y le bendijo, diciendo: Bendito sea Abram
del Dios Altísimo, creador de los cielos y de la tierra; y bendito
sea el Dios Altísimo, que entregó tus enemigos en tu mano. Y le
dio Abram los diezmos de todo.*

Génesis 14:18-20

El hombre que tiene fe es el que diezma, porque para diezmar
hay que tener fe para creer que dando se recibe. Hay que tener fe para
creer que con noventa dólares vas a tener más que con cien. Hay que
tener fe para creer que cuando se resta se suma. Hay que tener fe para
creer que el diez por ciento bendice tu noventa por ciento.

JESÚS ENSEÑA SOBRE EL DIEZMO

*¡Ay de vosotros, escribas y fariseos, hipócritas! porque diezmáis
la menta y el eneldo y el comino, y dejáis lo más importante
de la ley: la justicia, la misericordia y la fe. Esto era necesario
hacer, sin dejar de hacer aquello.*

Mateo 23:23

Y es la etapa de la gracia. El diezmo es el diez por ciento de todos
tus ingresos y le pertenece a Dios. Esto es para ayudarte a que tu
corazón se mantenga en el lugar apropiado. Solo hay dos lugares para

este dinero: O se lo das a Dios o te lo quita el diablo, y esto también está escrito.

> *¿Robará el hombre a Dios? Pues vosotros me habéis robado. Y dijisteis: ¿En qué te hemos robado? En vuestros diezmos y ofrendas. Malditos sois con maldición, porque vosotros, la nación toda, me habéis robado. Traed todos los diezmos al alfolí y haya alimento en mi casa; y probadme ahora en esto, dice Jehová de los ejércitos, si no os abriré las ventanas de los cielos, y derramaré sobre vosotros bendición hasta que sobreabunde. Reprenderé también por vosotros al devorador, y no os destruirá el fruto de la tierra, ni vuestra vid en el campo será estéril, dice Jehová de los ejércitos.*
>
> *Malaquías 3:8-11*

Para unos, este pasaje es promesa de bendición (para los que dan su diezmo), mientras que para otros es promesa de maldición (para los que no dan su diezmo). Esto es serio, solo hay dos lugares: o estás con lo que tienen bendición o con los que cargan la maldición.

La libertad económica es el resultado de «acciones» serias y adecuadas según la voluntad de Dios. No es producto de un milagro, aunque pueden suceder milagros en el proceso, pero no es la causa. Debemos entender que la libertad económica no es lo mismo que tener dinero, sino disfrutar el dinero. Y para disfrutar el dinero tenemos que tener paz con Dios.

Él te multiplicará cuando des. He aquí mi experiencia en el primer mes de mi ministerio: Dios me envió un cheque por ochocientos cincuenta dólares. Hasta el día de hoy, no sé cómo el gobierno me mandó ese cheque en septiembre, y no era por devolución de impuestos, pero era lo que necesitaba. Eso fue un milagro y he visto muchos más. Dios no sostiene la vida basado en milagros, sino que debemos obedecer lo que Él ya estableció para nuestro trabajo y nuestra economía.

7. PRESUPUESTO + FE

El presupuesto es una manera inteligente de distribuir nuestros ingresos: haciendo lo justo y necesario. Esta palabra asusta a muchos, pues sienten como si los fueran a meter presos, y en su mente dicen que no son contadores ni esclavos.

Un presupuesto sirve para poner un balance en tu economía de tal forma que tengas el control. No realizar un presupuesto hará que otro te dirija y las deudas te controlen. El presupuesto es necesario para contar con un registro de nuestras entradas y salidas, y ver si se realiza un balance adecuado de los gastos.

Por otra parte, un presupuesto sin fe es limitar tus ingresos. El presupuesto te ayuda en lo natural y te califica para más, la fe te ayuda en lo sobrenatural. Entonces, un presupuesto te ayudará si lo haces como es debido y no desactivas tu fe en los números. De lo contrario, solo tendrás los límites naturales y el único recurso serás tú mismo.

El presupuesto no es para saber qué haces con el más mínimo centavo. Es para que gastes lo que quieras, pero dentro de lo estipulado. Por ejemplo: Si son doscientos dólares de comida a la semana, gástalos como tú quieras, pero no te pases de esa cantidad o trata de no hacerlo. Si es necesario, ahorra, y cree que Dios suplirá la diferencia.

Si no vives con un presupuesto, sea del tamaño que sean tus ingresos, esto es indisciplina, pues no sabes en qué gastas tu dinero. Serás esclavo de tus deudas, no pagarás tu diezmo, y con facilidad gastarás en lo innecesario y te hará falta para algo que es necesario. A veces sí, a veces no, llegarás a tener el control de tu dinero, gastarás más de lo necesario, tendrás desorden en tus prioridades. Esto se llama malgastar.

Para hacer un presupuesto divide tus ingresos en porcentajes. Considera todos tus gastos y asígnale una cantidad a cada uno de acuerdo a tus prioridades. Según sean tus ingresos y necesidades, trata de incluir todo lo posible, ya sean gastos inmediatos o a largo plazo, sin pasarte de lo que ganas. Anótalo, ponlo en un lugar bien visible, de forma tal que lo tengas bien presente para llevarlo a cabo.

El presupuesto te ayuda a disfrutar. Ten en cuenta el diezmo, las ofrendas, los regalos (de Navidad, cumpleaños), luz, gas, agua, tintorería, ropa, muebles, auto, gasolina, etc. Establece cuáles son los que tienen prioridad y cuáles los secundarios, pero no omitas ninguno.

Ejemplo: Las atenciones con la esposa son necesarias. ¡Haz provisión para esto! He escuchado esto muchas veces: «Si te compro flores, no alcanza para el pago de la electricidad». Como gracia está bien, pero que no sea una realidad. En este ejemplo en particular, las flores quieren decir: «Te amo, pienso en ti, me haces feliz, quiero hacerte feliz, estoy dispuesto a gastar en ti. Como las flores naturales son hermosas y provocan sentimientos lindos, tú también despiertas en mí sentimientos hermosos en forma natural». Si eres responsable de distribuir bien el dinero, Dios suplirá lo que te haga falta, y esto incluye las flores.

¿Quién maneja el presupuesto? Primero, ¿de quién es el dinero? De Dios. Por ser sus administradores daremos cuentas a Dios. El hombre es el responsable como cabeza del hogar y la mujer es la ayuda, pero ambos tienen la responsabilidad. Esto no varía en la economía. Ser cabeza es un privilegio, pero también es una responsabilidad.

La administración es una responsabilidad del hombre, y la mujer que administre bien su casa. Si la mujer está frustrada, cansada, nerviosa, etc., déjame decirte que algo anda mal o quizá ella lo esté haciendo sola. La mujer puede hacerlo con el conocimiento total del esposo, y lo que decidan sobre el dinero es algo que le compete a ambos, no solo a uno de los dos. Quizá ella haya tratado de administrar porque él no lo hace, o cuando lo ha hecho, no ha sido bueno, por lo que dejaste que lo haga solo. Él tiene que aprender a hacerlo y ella es su ayuda. Delega poco a poco, infórmale sobre las deudas, no con reclamos, sino usa tu sabiduría de mujer. Ayúdalo a que asuma su papel, esa es responsabilidad del varón. ¡Que cada uno cumpla con su obligación!

Hay hombres que no quieren asumir su responsabilidad, están muy cómodos. Así que la mujer es la única que vive con ansiedad. También hay mujeres que no quieren soltar la administración porque les gusta el control, el dominio, no tener que rendir cuentas. Tampoco es bueno que el hombre lo haga todo y la mujer no sepa nada de cómo se gasta el dinero.

Es un matrimonio, los dos trabajan, ya sea en casa o fuera de casa. Algunos dicen: «No es justo que administre lo que yo gano», pero no es así. El buen esposo consultará con la esposa, y el dinero lo distribuirán juntos y de manera justa. El presupuesto es para la familia y para ayudar a la familia, y el dinero es de Dios. Asegúrense de que lo están haciendo bien.

MANERAS SIMPLES DE AHORRAR

Compara precios, haz una pausa antes de tomar una decisión. Si es necesario, di antes de decidir: «Cualquier cosa, lo devuelvo más tarde». Así puedes pensar bien. Hay personas que corren atrás de toda oferta. No siempre lo que figura como oferta lo es en realidad. A veces le han cambiado muy poco el precio, o no le han cambiado nada, sino que solo le pusieron el cartel.

Puedes comprar algo que no necesitas o que no puedes comprar, así que busca ayuda de un profesional para decisiones importantes, de mayor envergadura. Te ahorrará tiempo, dinero y problemas.

No salgas a comparar cuando tengas hambre, compra una vez a la semana. Haz una lista, te ayudará. Todo lo que deseas no está junto. Entre un producto y otro que necesitas habrá otros que te llamarán la atención, y si no te pones firme, lo terminarás comprando aunque no estuvieran en tu lista. Los cupones son para que los uses, no para que te digan lo que vas a comprar. Cada vez que sea posible, haz la compra solo. Si alguien va contigo, gastarás más.

La tarjeta de crédito no te enseña a cuidar el dinero, te enseña a gastar dinero. Por mucho que no la uses es una invitación a gastar, aun cuando pagues el total al recibir el resumen. No es malo tener una, es malo no usarla como es debido.

ORACIÓN

UNO DE LOS SIETE INGREDIENTES PARA UN MATRIMONIO FELIZ

La oración es un recurso que te ayuda a alcanzar lo que necesitas. Te ayuda a vivir las experiencias más hermosas de tu vida. Antes de la oración, la vida es de una manera, pero es otra después de la oración. En la presencia de Dios se viven los momentos más sublimes y las experiencias más poderosas. Vive en intimidad con Dios a través de la oración para hablarle de tu amor, gratitud, y para disfrutar de su presencia y dejar tus cargas en Él. El Señor te hará descansar.

LA DEPENDENCIA DE DIOS

Como hijos, podemos presentar todas nuestras necesidades, y Dios desea que lo hagamos, pues quiere escuchar la voz de cada uno. Por supuesto, a través de la oración podemos conocerlo más.

Tú guardarás en completa paz a aquel cuyo pensamiento en ti persevera; porque en ti ha confiado. Confiad en Jehová perpetuamente, porque en Jehová el Señor está la fortaleza de los siglos. Porque derribó a los que moraban en lugar sublime; humilló a la ciudad exaltada, la humilló hasta la tierra, la derribó hasta el polvo. La hollará pie, los pies del afligido, los pasos de los menesterosos. El camino del justo es rectitud; tú, que eres recto, pesas el camino del justo. También en el camino de tus juicios, oh Jehová, te hemos esperado; tu nombre y tu memoria son el deseo de nuestra alma. Con mi alma te he deseado en la noche, y en tanto que me dure el espíritu dentro de mí, madrugaré a buscarte; porque luego que hay juicios tuyos en la tierra, los moradores del mundo aprenden justicia.

Isaías 26:3-9

Aunque un ejército acampe contra mí, no temerá mi corazón; aunque contra mí se levante guerra, yo estaré confiado.

Salmo 27:3

A Benjamín dijo: El amado de Jehová habitará confiado cerca de él; lo cubrirá siempre, y entre sus hombros morará.

Deuteronomio 33:12

1. PERSEVERA EN LA ORACIÓN

Para ver resultados y hacer la voluntad de Dios debemos perseverar en la oración. La perseverancia es una demostración de nuestra fe.

También les refirió Jesús una parábola sobre la necesidad de orar siempre, y no desmayar, diciendo: Había en una ciudad un juez, que ni temía a Dios, ni respetaba a hombre. Había también en aquella ciudad una viuda, la cual venía a él, diciendo: Hazme justicia de mi adversario. Y él no quiso por algún tiempo; pero después de esto dijo dentro de sí: Aunque ni temo a Dios, ni tengo respeto a hombre, sin embargo, porque esta viuda me es molesta, le haré justicia, no sea que viniendo de continuo, me agote la paciencia. Y dijo el Señor: Oíd lo que dijo el juez injusto. ¿Y acaso Dios no hará justicia a sus escogidos, que claman a él día y noche? ¿Se tardará en responderles? Os digo que pronto les hará justicia. Pero cuando venga el Hijo del Hombre, ¿hallará fe en la tierra?

Lucas 18:1-8

Así que Pedro estaba custodiado en la cárcel; pero la iglesia hacía sin cesar oración a Dios por él.

Hechos 12:5

Jesús nos hizo ver la importancia de insistir, la iglesia lo entendió y lo practicó.

2. PERMANECE EN EL SEÑOR

No solo insistas cuando tienes necesidad de algo, sino que la oración sea tu estilo de vida. Sé firme en la fe y desarrolla una relación con Dios. Permanece en el Señor y que su Palabra permanezca en tu vida. Pide lo que quieras y será hecho. Tu permanencia te califica como constante, fiel, y te hace participante de sus bendiciones. La Biblia dice que el fruto abundante es el resultado de un trabajo permanente.

Si permanecéis en mí, y mis palabras permanecen en vosotros, pedid todo lo que queréis, y os será hecho. En esto es glorificado mi Padre, en que llevéis mucho fruto, y seáis así mis discípulos.

Juan 15:7-8

Pide lo que quieras y será hecho. ¿Condición?: Permanecer en el Señor.

Dios dice: «Si permanecéis en mí [en fe y oración]», y agrega: «Y mis palabras permanecen en vosotros [esto es poner en práctica lo que dice Dios]», verás resultados.

Y nosotros persistiremos en la oración y en el ministerio de la palabra.

Hechos 6:4

Gozosos en la esperanza; sufridos en la tribulación; constantes en la oración.

Romanos 12:12

Los discípulos sabían que lo más importante era permanecer, y para obtener resultados es necesaria la perseverancia en la oración.

3. CREE QUE DIOS TE DARÁ LO QUE LE PIDES

Pero sin fe es imposible agradar a Dios; porque es necesario que el que se acerca a Dios crea que le hay, y que es galardonador de los que le buscan.

Hebreos 11:6

Ora con fe, creyendo, confiando en que Dios te oye y que va a responder tu oración; no porque sea larga ni corta, sino por cuánto confías en Él. La fe es demostrarle tu paciencia en lo que haces y dices mientras esperas. Conocer más a Dios te hará confiar más en Él.

Y orando, no uséis vanas repeticiones, como los gentiles, que piensan que por su palabrería serán oídos.

Mateo 6:7

No ceso de dar gracias por vosotros, haciendo memoria de vosotros en mis oraciones, para que el Dios de nuestro Señor Jesucristo, el Padre de gloria, os dé espíritu de sabiduría y de revelación en el conocimiento de él, alumbrando los ojos de vuestro entendimiento, para que sepáis cuál es la esperanza a que él os ha llamado, y cuáles las riquezas de la gloria de su herencia en los santos, y cuál la supereminente grandeza de su poder para con nosotros los que creemos, según la operación del poder de su fuerza.

Efesios 1:16-19

Ora para entender la grandeza de su poder. El que conoce a Dios y el poder de su grandeza, no importa lo que venga, sabe que puede recurrir a Él. Orar es un arma de guerra y de victoria.

4. TIENES QUE CREER QUE RECIBIRÁS

Cuando oras con fe, tienes que creer que recibes por fe y recibirás respuesta:

Primero, puedo estar tranquilo. Segundo, puedo comenzar a disfrutar. Tercero, ya le puedo dar gracias a Dios.

Respondiendo Jesús, les dijo: Tened fe en Dios. Porque de cierto os digo que cualquiera que dijere a este monte: Quítate y échate en el mar, y no dudare en su corazón, sino creyere que será hecho lo que dice, lo que diga le será hecho. Por tanto, os digo que todo lo que pidiereis orando, creed que lo recibiréis, y os vendrá.

Marcos 11:22-24

No dudes en tu corazón y confiesa tu fe.

Pero pida con fe, no dudando nada; porque el que duda es semejante a la onda del mar, que es arrastrada por el viento y echada de una parte a otra. No piense, pues, quien tal haga, que recibirá cosa alguna del Señor.

Santiago 1:6-7

¡No esperes recibir para creer! Si crees, puedes confesar que ya lo recibiste. Ora conforme a la voluntad de Dios. ¿Cuál es su voluntad?

- Que seas sano, pues por sus llagas fuimos sanados.
- Que te vaya bien.
- Que seas prosperado.
- Espera en Dios, confía en Él y Él hará.
- Tu tiempo de espera demuestra tu fe.

Dios no es hombre, para que mienta, ni hijo de hombre para que se arrepienta. Él dijo, ¿y no hará? Habló, ¿y no lo ejecutará?

Números 23:19

Tú necesitas fe para todo, ejercita tu medida de fe y hazla crecer. ¿Cómo? Escucha la Palabra de Dios, tu fe está relacionada al conocimiento de la Palabra de Dios. La fe viene por oír la Palabra de Dios.

5. SÉ AGRADECIDO

El agradecimiento te mantiene en el favor de Dios, así que no olvides ninguno de sus beneficios.

> *Bendice, alma mía, a Jehová, y no olvides ninguno de sus beneficios.*
>
> *Salmo 103:2*

Nunca olvides lo que Dios ha hecho por ti, y también sé agradecido con los que te han bendecido. Ponte en el carril de la bendición, vive agradecido.

> *Y la paz de Dios gobierne en vuestros corazones, a la que asimismo fuisteis llamados en un solo cuerpo; y sed agradecidos.*
>
> *Colosenses 3:15*

Como notarás, en el siguiente pasaje vemos que solo recibió más bendiciones el que regresó a dar gracias. Jesús esperaba que los otros leprosos sanados lo hicieran también. Él tenía algo más grande para darles. En cambio, no lo recibieron por no ser agradecidos, y no solo de corazón, sino que demostraran con acciones su agradecimiento.

> *Entonces uno de ellos, viendo que había sido sanado, volvió, glorificando a Dios a gran voz, y se postró rostro en tierra a sus pies, dándole gracias; y éste era samaritano. Respondiendo Jesús, dijo: ¿No son diez los que fueron limpiados? Y los nueve, ¿dónde están? ¿No hubo quien volviese y diese gloria a Dios sino este extranjero? Y le dijo: Levántate, vete; tu fe te ha salvado.*
>
> *Lucas 17:15-19*

El dar gracias aparece en toda la Biblia como la virtud del hombre conforme al corazón de Dios.

Por tanto, de la manera que habéis recibido al Señor Jesucristo, andad en él; arraigados y sobreedificados en él, y confirmados en la fe, así como habéis sido enseñados, abundando en acciones de gracias.

Colosenses 2:6-7

6. PARA LOS QUE CREEN Y ORAN NO HAY LÍMITES

Cuando estás en la presencia de Dios, pon atención porque hay promesas para los que hacen su voluntad.

Hijo mío, está atento a mis palabras; inclina tu oído a mis razones. No se aparten de tus ojos; guárdalas en medio de tu corazón; porque son vida a los que las hallan, y medicina a todo su cuerpo.

Proverbios 4:20-22

Por lo cual no resbalará jamás; en memoria eterna será el justo. No tendrá temor de malas noticias; su corazón está firme, confiado en Jehová. Asegurado está su corazón; no temerá, hasta que vea en sus enemigos su deseo.

Salmo 112:6-8

La oración cuesta practicarla, a tu carne no le gusta lo espiritual y tu enemigo va a alentar tu carne. No obstante, a tu espíritu sí le gusta orar y tu voluntad determinará tu acción, pues el que está contigo, el Señor, es mayor. Tu carne y tu enemigo están vencidos.

La oración puede cambiarte a ti, a tu familia, al gobierno, el trabajo, la situación económica, la iglesia. Tu vida se puede transformar a través de la oración.

• Cree que Dios te escucha, Él promete ayudarte y levantar tu cabeza.

Los que miraron a él fueron alumbrados, y sus rostros no fueron avergonzados.

Salmo 34:5

• Pide que Dios te dará, Él quiere que estés gozoso.

En aquel día no me preguntaréis nada. De cierto, de cierto os digo, que todo cuanto pidiereis al Padre en mi nombre, os lo dará. Hasta ahora nada habéis pedido en mi nombre; pedid, y recibiréis, para que vuestro gozo sea cumplido.

Juan 16:23-24

Pedid, y se os dará; buscad, y hallaréis; llamad, y se os abrirá.

Mateo 7:7

• Con Dios no tendrás límites, así que no temas pedir aun lo imposible porque Dios es un Dios de imposibles.

Elías oró y Dios oyó la voz de Elías y revivió al hijo de la viuda: «Y Jehová oyó la voz de Elías, y el alma del niño volvió a él, y revivió.

1 Reyes 17:22

Acab subió a comer y a beber. Y Elías subió a la cumbre del Carmelo, y postrándose en tierra, puso su rostro entre las rodillas. Y dijo a su criado: Sube ahora, y mira hacia el mar. Y él subió, y miró, y dijo: No hay nada. Y él le volvió a decir: Vuelve siete veces [...] Y aconteció, estando en esto, que los cielos se oscurecieron con nubes y viento, y hubo una gran lluvia. Y subiendo Acab, vino a Jezreel.

1 Reyes 18:42-43, 45

Elías oró por la lluvia y llovió. ¿Quién trajo la bendición? ¿El que oró o el que se fue a comer? Elías no fue el que hizo llover, sino Dios.

Aun así, a Dios lo movió la oración, fe, perseverancia e insistencia de Elías.

CONCLUSIÓN

La oración del justo mueve el corazón del Dios que hizo los cielos y la tierra.

> *¿Está alguno entre vosotros afligido? Haga oración. ¿Está alguno alegre? Cante alabanzas. ¿Está alguno enfermo entre vosotros? Llame a los ancianos de la iglesia, y oren por él, ungiéndole con aceite en el nombre del Señor. Y la oración de fe salvará al enfermo, y el Señor lo levantará; y si hubiere cometido pecados, le serán perdonados. Confesaos vuestras ofensas unos a otros, y orad unos por otros, para que seáis sanados. La oración eficaz del justo puede mucho. Elías era hombre sujeto a pasiones semejantes a las nuestras, y oró fervientemente para que no lloviese, y no llovió sobre la tierra por tres años y seis meses. Y otra vez oró, y el cielo dio lluvia, y la tierra produjo su fruto.*
>
> *Santiago 5:13-18*

Hay esperanza para el afligido, el enfermo, el pecador. Dios promete contestarte. Él suplirá todas tus necesidades: «Pedid, y se os dará» (Mateo 7:7). ¿Habrá solución a todos nuestros problemas a través de la fe y la oración? Por supuesto, así que usa todos los días este recurso poderoso para tu vida, matrimonio, familia, etc. Tienes un Dios amoroso que quiere bendecirte.

PERDÓN

UNO DE LOS SIETE INGREDIENTES PARA UN MATRIMONIO FELIZ

El reino de Dios se basa en el perdón. Puedes orar lo que quieras, puedes ayunar lo que quieras. De todas formas, si no perdonas, Dios no te escuchará porque estarás en zona de castigo y dice que no saldrás de ahí hasta que pagues todo. Es posible que te hayan hecho daño, y que tal vez tengas razón de estar molesto, pero aun así, nuestro deber como cristiano es perdonar. Dios es el juez y se encargará de juzgar con justicia, y cada uno pagará el precio de sus pecados. Mantente siempre limpio delante de Dios para que no pierdas la bendición y la gracia del Señor, y vivas bien. De lo contrario, te atormentarán tu pecado y falta de perdón, porque Dios te puso en un nivel de esclavitud de verdugos estando en la gracia.

¡Ojo! Aquí está hablando a los cristianos, no a los impíos, porque pudiendo estar y vivir en la gracia, estás al nivel de la ley («ojo por ojo») y no podrás recibir el perdón hasta que no perdones. Es como si fueras hacia atrás, y teniendo a Dios disgustado, queremos agradar a Dios. En cambio, si no hacemos su voluntad, no le agradamos y dice que debemos pagar toda la deuda, pues cada uno de nosotros debe perdonar de todo corazón a su hermano sus ofensas (lee Mateo 18:35).

SANIDAD DE LAS HERIDAS

El Señor no te perdonará si no perdonas a tu hermano. Y si no perdonas a tu cónyuge, es más grave, porque aparte de ser hermanos en la fe, vives a su lado y se ven todos los días. El perdón es indiscutible. Si no hay perdón, no hay sanidad; y si no hay sanidad, vivirás enfermo toda tu vida.

Cuando todavía duele, es porque esa herida no está sanada. Hay que aprender a desprenderse de esos rencores. Si no los reconoces y cierras la herida, no es caso cerrado. Solo estás soportándolo a la fuerza, de modo que necesitas sanidad. Hay gente que sigue siendo mala y aborrecible, y esto no significa que como la perdonaste va a cambiar. El cambio es personal, por eso mira con amor a los que están en falta, aunque sean tus peores enemigos, porque el amor borra multitud de faltas. Cuando lo hagas así, empezarás a ver diferente. Será bueno para ti, aunque tal vez quien te hirió, siga siendo un sinvergüenza, pero al menos tú ya lo verás diferente.

Una persona no cambia porque la mires diferente, pero cambias tú porque la información que entra es diferente. Entonces, tu corazón va a estar guardado, lleno de amor, y no habrá espacio para nada más. Así que guarda y protege tu corazón, y ya no tendrás nada en contra de esa persona, y si persistes, tu herida irá sanando.

No caigas en las trampas y artimañas del diablo y cierra ese capítulo. Cuando uno entiende que es por el Señor y para el Señor todo es distinto. El sentimiento de amor y temor a Dios es fuerte. Dios te dio espíritu de dominio propio, de modo que no puedes permitir que el enemigo te engañe. A veces el conflicto se resuelve pronto y en otras ocasiones dura demasiado, depende el caso. Aun así, no bajes los brazos, sin importar quién sea el culpable. Uno no se puede dar el lujo de guardar sentimientos malos porque entras al plan de castigo. Si perdonas, en cambio, estarás en la gracia.

La falta de perdón es lo único que los vuelve a la ley. La gracia abolió la ley. La gracia se basa en el perdón, y si no quieres perdonar, vuelves a la ley. Ahí Dios no tiene tolerancia si no perdonas, porque cuando Él te perdonó, te dio su Espíritu para que tuvieras la capacidad de perdonar. Si no lo haces, es porque no quieres. Entonces, no hay tolerancia para ti y vuelves otra vez a la ley. Si no tienes misericordia, tampoco habrá misericordia para ti, no se perdonan tus fallas nuevas y tendrás que pagar por las mismas.

> *Porque si perdonáis a los hombres sus ofensas, os perdonará también a vosotros vuestro Padre celestial; mas si no perdonáis a los hombres sus ofensas, tampoco vuestro Padre os perdonará vuestras ofensas.*
>
> *Mateo 6:14-15*

Si no perdonas, tampoco se te perdonará a ti y ahora lo que hagas se te contará. La Biblia dice que Jesús está a la diestra de Dios intercediendo por nosotros. Por otro lado, si no perdonas, no habrá intercesión. Cierras el ciclo de intercesión de Jesucristo por tu vida, porque lo que Él hace es bajo la gracia, no bajo la ley. No está hablando de salvación, pues la salvación es por gracia y no se basa en que tú perdones, sino en lo que hizo Jesús. El asunto es que siendo salvo puedes vivir bajo tormento y morirás lleno de pecado y sin beneficios. El hecho de no perdonar hace que tus pecados tampoco se te perdonen y se acumulen. En definitiva, eres salvo por gracia, y lo que hagas aquí en la vida será intranscendente y te encarcelas solo, estando en libertad.

> *Quítense de vosotros toda amargura, enojo, ira, gritería y maledicencia, y toda malicia. Antes sed benignos unos con otros, misericordiosos, perdonándoos unos a otros, como Dios también os perdonó a vosotros en Cristo.*
>
> *Efesios 4:31-32*

El perdón depende de tu voluntad y todos tenemos la capacidad de perdonar, entonces tú determinas. Siempre determina hacer la voluntad de Dios para que te vaya bien. La práctica del perdón en un matrimonio es de todos los días. El perdón no es cuando te ofenden, el perdón en la gracia es un estilo de vida. Entonces, tienes que aprender a vivir perdonando. En la gracia tú vives perdonando hasta el día en que mueras. Por lo tanto, si en la mañana te enojaste con tu cónyuge, tienes que solucionar eso rapidito. Tienes que vivir perdonando a quien sea y como sea. A veces, los que están más cerca de ti son los que más dolor te causan, pero aprende a vivir en la actitud del perdón y no dejes que nada amargue tu vida. Si amas y perdonas, todo será menos complicado. El perdón en la gracia es un estilo de vida, es durante toda la vida, en toda situación. Tienes que aprender practicando. No hay otra alternativa, el perdón está fuera de discusión.

¿QUÉ ES PERDONAR?

1. PERDONAR ES BORRAR

Perdonar es borrar todo lo que tienes registrado. El Señor también apunta todo lo nuestro, por eso dice que Él «borra» nuestras rebeliones.

> *Yo, yo soy [dice Jehová] el que borro tus rebeliones por amor de mí mismo, y no me acordaré de tus pecados.*
>
> *Isaías 43:25*

Todos figuramos en un libro, allí Dios tiene todo registrado. Si a ti se te olvida, al Señor no, porque Dios es justo y cuando juzga no lo hace sin pruebas, lo hace con justicia.

> *Y vi a los muertos, grandes y pequeños, de pie ante Dios; y los libros fueron abiertos, y otro libro fue abierto, el cual es el libro de la vida; y fueron juzgados los muertos por las cosas que estaban escritas en los libros, según sus obras.*
>
> *Apocalipsis 20:12*

Nosotros conocemos la venganza y Dios hace justicia, algo totalmente distinto. Todos estábamos muertos, porque la paga del pecado es la muerte. Nadie se salva, ni el que hizo algo grande, ni el que hizo algo pequeño. Todos tienen que rendirle cuentas a Dios. A todos se les juzgará por sus obras, pues nadie puede ser salvo por sus obras, sino solo por gracia. Cada cual elige lo que quiere, el mal o el bien, pero Dios te dio la vida y Él quiere que procedamos al arrepentimiento. Entonces, en tu récord, Dios te perdona y te borra todas tus maldades. Cuando tú perdonas de verdad, borras, quitas, haces desaparecer lo escrito. Lo que sucedió desaparece del registro. Repito, cuando perdonas, tienes que hacer desaparecer lo registrado para que ya no se vuelva a leer esa página nunca más. Perdonar es borrar.

2. PERDONAR ES NO ACORDARSE MÁS

Cuando perdonas, aparte de borrar lo sucedido, nunca más tienes que recordarlo. No es que pierdas la memoria, es que no lo vuelvas a traer a tu presente. Esto es posible si ya no te molesta.

> *Y no enseñará más ninguno a su prójimo, ni ninguno a su hermano, diciendo: Conoce a Jehová; porque todos me conocerán, desde el más pequeño de ellos hasta el más grande, dice Jehová; porque perdonaré la maldad de ellos, y no me acordaré más de su pecado.*
>
> *Jeremías 31:34*

Eso de «yo perdono, pero no me olvido», no es perdonar. El que perdona tiene que olvidar y cerrar el caso. Todos lo podemos hacer si lo determinamos. Si vas a perdonar, debes renunciar por completo a eso, creerle a Dios, pararte firme e ir en paz y olvidar. Lo primero que tienes que hacer es obedecer a Dios, independientemente de lo que haga la otra persona. Dispón tu corazón a hacer la voluntad de Dios.

3. PERDONAR ES SANAR

En el perdón tiene que haber sanidad. Cuando ya no duele, significa que está sano. Siempre que perdonas en tu corazón, ya no tiene que haber dolor ni resentimientos. Por el contrario, debe haber gozo, alegría, celebración, fiesta, alabanza. El perdón trae sanidad y la sanidad trae gozo, te puedes reír y moverte con libertad. Eso produce en tu corazón alabanza y gratitud a Dios, y hace que lo alabes y glorifiques. Nuestra meta es llegar a donde ya no duela y produzca gozo.

> *Porque una gran multitud del pueblo de Efraín y Manasés, y de Isacar y Zabulón, no se habían purificado, y comieron la pascua no conforme a lo que está escrito. Mas Ezequías oró por ellos, diciendo: Jehová, que es bueno, sea propicio a todo aquel que ha preparado su corazón para buscar a Dios, a Jehová el Dios de sus padres, aunque no esté purificado según los ritos de purificación del santuario. Y oyó Jehová a Ezequías, y sanó al pueblo. Así los hijos de Israel que estaban en Jerusalén celebraron la fiesta solemne de los panes sin levadura por siete días con grande gozo; y glorificaban a Jehová todos los días los levitas y los sacerdotes, cantando con instrumentos resonantes a Jehová.*
>
> 2 Crónicas 30:18-21

Jehová oyó su ruego, los perdonó, los sanó y terminó en fiesta y en gozo. Cuando Jehová los perdona y los salva, lo importante es que termina en alegría, fiesta y alabanza a Dios. La clave de la sanidad y la restauración es el perdón. Jesús nos dio el ejemplo.

> *Y Jesús decía: Padre, perdónalos, porque no saben lo que hacen. Y repartieron entre sí sus vestidos, echando suertes.*
>
> Lucas 23:34

Jesús dijo: «Padre, perdónalos, porque no saben lo que hacen». Uno no está obligado a ser amigo del que lo hiere, pero no dejes de ser educado y no te pongas al nivel de la otra persona. Al perdonar, el primer beneficiado no es la otra persona, sino uno mismo.

El pecado trae consecuencias. Uno perdona, pero tiene que tomar medidas, y la otra parte tendrá que pagar las consecuencias. Por ejemplo, si en la pareja el hombre cometió adulterio, la mujer tiene que perdonar por ella misma. El problema es del infiel.

Entonces, si ella no perdona, el problema es de los dos. El pecado lo debe pagar uno solo, no los dos. Las causas de tu pecado traerá sus consecuencias, y lo peor es que el Señor se encargará de ti.

Por otro lado, si pecas, causas un problema que llevará tiempo reparar. El perdón es una cuestión y las consecuencias del pecado es otra. Si hubo infidelidad y la parte inocente determina separarse, eso no quiere decir que no perdonó. Dios puede reparar lo que sea, pero las consecuencias del pecado se pagan. El Señor puede restaurar, pero las consecuencias del pecado hay que pagarlas aunque estés perdonado. Entiende que esto no es un juego, y no trates de creerte más listo que Dios porque Él es justo. El perdón no anula la justicia. El perdón es justicia, así que perdonemos.

> *Pero yo [Jesús] os digo: Amad a vuestros enemigos, bendecid a los que os maldicen, haced bien a los que os aborrecen, y orad por los que os ultrajan y os persiguen.*
>
> *Mateo 5:44*

Después que uno perdona, desata amor, ya sea a tu cónyuge, amigo o cuñada, todos califican para que los ames, porque el Señor dijo que amemos incluso a nuestros enemigos. El amor tiene que estar siempre presente. Perdona y trata de amar, porque eso quitará aspectos negativos de tu vida, tales como amargura, enojo, resentimiento, etc. En su lugar, entrará lo bueno, y el amor es bueno y también ayuda a perdonar. Así que llénate de amor.

Bendice, te hará bien. ¿Cómo bendices? Deseando el bien. Deséales el bien a quienes te hicieron mal, ora por ellos. Bendice de todos modos. Hazles el bien. No solo te limites a los que te caen bien. Hazle bien a todo aquel que le puedas hacer bien, determínalo. Al orar por ellos, mantendrás tu corazón limpio haciendo lo debido. No permitas que nada ensucie tu corazón. Puedes amar al que te hizo mal y bendecirlo. Si te vuelve a hacer mal, eso no quiere decir que te dejarás hacer el mismo daño. ¡No!, pero tu posición siempre debe ser la misma, sin importar lo que haga la otra persona. Que yo perdone no hará que la persona cambie, pues mi perdón no cambia a nadie, es algo personal. Claro, si la persona se arrepiente de verdad y le pide perdón al Señor, puede cambiar, pero mi corazón debe estar en la posición adecuada.

Cuando uno perdona es libre y el corazón se limpia. La Biblia nos dice que son bienaventurados los de limpio corazón, porque ellos verán a Dios. Pasarás de perdedor a ganador, serás recompensado. El Señor hará justicia porque Él es justo. Es importante saber que a alguien le importa lo que te sucede, y que si perdonas, eso no significa que el que te agravió quedará impune, pues Dios es justo y hará justicia.

La Palabra dice que los ojos de Dios están en todo lugar mirando a los buenos y a los malos. Además, es «escudo alrededor de mí; mi gloria, y el que levanta mi cabeza» (Salmo 3:3). Dios te sanará, porque Él sana a los quebrantados de corazón y hace justicia. Dios te compensará, reparará el daño. Compensar es hacer igualar el peso. Él te dará algo igual a lo que te quitaron, o te suplirá algo que perdiste. Es más, te hará reír por lo que te hicieron llorar. Dios te compensará cuando actúas perdonando y no en venganza. Dios te consolará, pues el perdón quita el temor, trae fortaleza y da consuelo.

> *Los ojos de Jehová están en todo lugar, mirando a los malos y a los buenos.*
>
> *Proverbios 15:3*

> *Jehová es el que hace justicia y derecho a todos los que padecen violencia.*
>
> *Salmo 103:6*

> *Viendo los hermanos de José que su padre era muerto, dijeron: Quizá nos aborrecerá José, y nos dará el pago de todo el mal que le hicimos. Y enviaron a decir a José: Tu padre mandó antes de su muerte, diciendo: Así diréis a José: Te ruego que perdones ahora la maldad de tus hermanos y su pecado, porque mal te trataron; por tanto, ahora te rogamos que perdones la maldad de los siervos del Dios de tu padre. Y José lloró mientras hablaban. Vinieron*

también sus hermanos y se postraron delante de él, y dijeron: Henos aquí por siervos tuyos. Y les respondió José: No temáis; ¿acaso estoy yo en lugar de Dios? Vosotros pensasteis mal contra mí, mas Dios lo encaminó a bien, para hacer lo que vemos hoy, para mantener en vida a mucho pueblo. Ahora, pues, no tengáis miedo; yo os sustentaré a vosotros y a vuestros hijos. Así los consoló, y les habló al corazón. Y habitó José en Egipto, él y la casa de su padre; y vivió José ciento diez años. Y vio José los hijos de Efraín hasta la tercera generación; también los hijos de Maquir hijo de Manasés fueron criados sobre las rodillas de José. Y José dijo a sus hermanos: Yo voy a morir; mas Dios ciertamente os visitará, y os hará subir de esta tierra a la tierra que juró a Abraham, a Isaac y a Jacob. E hizo jurar José a los hijos de Israel, diciendo: Dios ciertamente os visitará, y haréis llevar de aquí mis huesos. Y murió José a la edad de ciento diez años; y lo embalsamaron, y fue puesto en un ataúd en Egipto.

Génesis 50:15-26

Los hermanos de José estaban asustados de su propio hermano por lo que le hicieron. José les hizo bien, no estaba enojado, pues los perdonó y le dolió saber que sus hermanos pensaban así, pues no habían recibido sanidad. José no tenía ningún resentimiento en su contra, de lo contrario no hubiera podido reaccionar como lo hizo. Aquí vemos la obra de Dios. Cuando perdonas, Dios te compensa porque sana tu parte emocional y te da la oportunidad de reivindicarte. José podía haber dicho: «Se acuerdan lo que me dijeron». Tuvo la oportunidad de ver que se humillaron. No creas que el perdón queda sin recompensa o justicia. José se pudo vengar, pero no lo hizo. El perdón quita el temor, te hace libre. El que perdona pasa del fracaso a la victoria. En el caso de José, vemos que valió la pena, ya que Dios entendió su sufrimiento y dolor.

Al final, el Señor honrará tu pena, tendrás tu recompensa y verás el fruto de tu perdón. Los hermanos de José terminaron sirviéndolo. José los bendijo a todos y tuvo el privilegio de ver a sus nietos. Disfrutó bien sus años de vida restantes.

El honor y el orgullo de Jacob se llamaba José, y Dios levantó la cabeza de José. Todos sabían quién era José y estaban orgullosos de él. José no guardó rencor y perdonó. Sabía que Dios un día le haría justicia, y así fue. José trajo consuelo a toda su gente, y solo se puede traer consuelo cuando ya te han consolado. El perdón es una bendición, no la pierdas.

CÓMO SOLTAR LA GRACIA DE DIOS EN NUESTRAS VIDAS

Entonces su señor, enojado, le entregó a los verdugos, hasta que pagase todo lo que le debía. Así también mi Padre celestial hará con vosotros si no perdonáis de todo corazón cada uno a su hermano sus ofensas.

Mateo 18:34-35

TRES CONSECUENCIAS DE NO PERDONAR

1. ENOJAS A DIOS

Cuando no perdonas, Dios se enoja. Jesús no miente, y si Él dijo que si no perdonas Dios se enojará contigo, así será, aunque no te agrade el resultado. Muchas veces alguien se pregunta: «¿Por qué los cristianos no prosperan? ¿Por qué será que a veces Dios no me escucha? ¿Por qué será que me sucede lo mismo que a los que no creen? ¿Por qué a los mundanos les va mejor?». Si no perdonamos, nos ponemos de enemigo a Dios. Hay veces que pensamos que con ir a la iglesia estamos bien, pero no es así, puesto que no es asunto de practicar una religión, sino que se trata de una relación. Si no perdonamos, Dios no quiere hacer nada con nosotros. Está enojado y dice que nos entregará a los verdugos.

Podemos estar en medio de la gracia y ser salvos, porque la salvación la obtenemos por la fe (todos los que creen en Jesucristo como su Señor y Salvador son salvos). La salvación no se pierde por las obras, y solo se gana por la fe. No es que dejamos de ser sus hijos, no es que no te quiera más, sino que nos castiga por nuestra falta de perdón. ¿Alguna vez has castigado a tus hijos? Dios es justo al ejecutar castigo. ¿Es justo al mandarlos con los verdugos por no perdonar? Cuando castigas a tus hijos, ¿dejan de ser tus hijos? Claro que no, solo están castigados. Cuando Dios está enojado con nosotros, perdemos muchas bendiciones.

¿Qué podemos hacer para agradar a Dios? Perdonar, creerle y obedecerle. No alcanza con decir: «Yo creo en Dios», los demonios podrían decir eso. Es cuestión de creerle a Dios. Si no haces lo que Dios te pide, es lo mismo que no creerle. Cree y obedece. Sin fe, dice la Biblia, es imposible agradar a Dios. A Dios lo agradamos con la fe, pero la fe sin obras es muerta. La fe debe estar acompañada de obras. Si tu corazón no está dispuesto, lo demás tampoco estará dispuesto. Si no doblegas tu corazón a Dios, no pasará absolutamente nada en tu vida. Aunque montes un berrinche, no habrá bendición.

2. LIMITAS LA GRACIA

Cuando no se perdona, no opera la gracia, sino la ley. ¿Por qué estás bajo la ley cuando estás bajo verdugo? Siempre que uno no perdona, la Biblia dice que lo manda a prisión, castigo y tormento, pero tú puedes salir de ahí a través del perdón.

La diferencia entre la gracia y la ley es que en la ley eres justificado por lo que haces. Por eso es que por la ley nadie puede ser justificado, pues todos caen bajo condenación. En la gracia estás justificado, no por tus condiciones, no por tus fuerzas, sino por lo que Cristo hizo por ti.

Entonces, cuando el Señor te manda al verdugo y te dice que no saldrás de ahí hasta que pagues todo lo que debes, te pone en un nivel muy complicado porque te mete bajo la ley. Ya Él no lo va a pagar ahora, lo pagarás tú, y no está hablando de la salvación. Para que disfrutes otra vez de la gracia, tienes que pagar hasta que determines por tu cuenta salir de ahí. Cuanto más rápido pagues la deuda, más rápido podrás salir de ese lugar. Para eso debes perdonar, y así disfrutarás una vez más de la gracia, de la bendición de Dios, y Él dejará de estar enojado.

3. PIERDES BENDICIÓN

Esto se debe a que te sacan de la gracia y te meten preso en la ley. Estando preso, Dios no te puede bendecir. Al contrario, si sigues en lo mismo, acumulas y aumentas más la deuda. Las bendiciones son el resultado de la bondad de Dios y la fe del ser humano. Vive una verdadera fe, y busca la bondad de Dios y no su enojo.

¿Quieres más bendiciones? ¿Qué bendiciones te gustaría recibir? Casa, auto, ver a tus hijos graduados, paz. La fe de uno mueve la mano de Dios. ¿Cómo demuestras la fe? Cuando actúas según su voluntad. Cuando Él te dice algo, lo crees y lo haces. Si no lo haces, no lo estás demostrando, pues la fe sin obras es muerta.

Hay personas inestables en la iglesia que asisten y no asisten, que creen y creen, así que vacilan en su fe. Los inestables en la fe no es que no tengan fe. Lo que sucede es que solo son inestables porque su fe es intermitente y, al final, ya no saben ni lo que creen. De ahí que la Biblia aclare: «Porque el que duda es semejante a la onda del mar, que es arrastrada por el viento y echada de una parte a otra» (Santiago 1:6).

Si tu fe está en ese nivel, estás perdiendo el tiempo. Por eso enfatizamos la necesidad de una fe radical, porque eso es lo que trae bendición. La fe es algo personal.

¿Qué tipo de cristiano quieres ser? Tu fe determina tus hechos, y tus hechos determinan la bendición de Dios. Entonces, cuando crees y haces lo que dice Dios, traes bendición sobre tu vida. Dios desea que disfrutemos sus bendiciones. Si nos quedamos en la cárcel, no habrá bendición, y el verdugo está para ejecutar castigo.

Mas el que mira atentamente en la perfecta ley, la de la libertad, y persevera en ella, no siendo oidor olvidadizo, sino hacedor de la obra, éste será bienaventurado en lo que hace.

Santiago 1:25

La perfecta ley de la libertad es la gracia, y si uno permanece en la gracia y hace la voluntad de Dios, recibe bendiciones. Para perdonar, es importante que se suelten las armas y se abandone la actitud molesta. Hay que tirar las armas donde no las puedas volver a recoger, porque ese ya no es tu nivel ni tu estilo de vida. Así que cuando las sueltes, hazlo para siempre.

BENEFICIOS AL PERDONAR

1. SOMOS PERDONADOS

No juzguéis, y no seréis juzgados; no condenéis, y no seréis condenados; perdonad, y seréis perdonados.

Lucas 6:37

2. EL PERDÓN NOS HACE LIBRES

Y comenzando a hacer cuentas, le fue presentado uno que le debía diez mil talentos. A éste, como no pudo pagar, ordenó su señor venderle, y a su mujer e hijos, y todo lo que tenía, para que se le pagase la deuda. Entonces aquel siervo, postrado, le suplicaba, diciendo: Señor, ten paciencia conmigo, y yo te lo pagaré todo. El señor de aquel siervo, movido a misericordia, le soltó y le perdonó la deuda. Pero saliendo aquel siervo, halló a uno de sus consiervos, que le debía cien denarios; y asiendo de él, le ahogaba, diciendo: Págame lo que me debes. Entonces su consiervo, postrándose a sus pies, le rogaba diciendo: Ten paciencia conmigo, y yo te lo pagaré todo. Mas él no quiso, sino fue y le echó en la cárcel, hasta que pagase la deuda. Viendo sus consiervos lo que pasaba, se entristecieron mucho, y fueron y refirieron a su señor todo lo que había pasado. Entonces, llamándole su señor, le dijo: Siervo malvado, toda aquella deuda te perdoné, porque me rogaste. ¿No debías tú también tener misericordia de tu consiervo, como yo tuve misericordia de ti? Entonces su señor, enojado, le entregó a los verdugos, hasta que pagase todo lo que le debía. Así también mi Padre celestial hará con vosotros si no perdonáis de todo corazón cada uno a su hermano sus ofensas.

Mateo 18:24-35

3. LIMPIA TU CORAZÓN

Si confesamos nuestros pecados, él es fiel y justo para perdonar nuestros pecados, y limpiarnos de toda maldad.

1 Juan 1:9

La Palabra limpia tu corazón cuando haces la voluntad de Dios, te quita todas esas raíces de amargura y te lleva a otro nivel de humildad, al de Cristo que sirvió hasta lo sumo, más allá de lo que podemos entender. Cuando confesamos nuestros pecados, Él es fiel y justo para perdonar y limpiarnos de toda maldad. Si quieres limpiar tu corazón de toda maldad, determina cambiar. No permitas que el diablo saque ventaja y te gane por tu carácter y tus recuerdos. Limpia tu corazón y Dios siempre estará de tu lado. De Dios no se burla nadie. Con un corazón sano vivirás siempre confiado.

No os venguéis vosotros mismos, amados míos, sino dejad lugar a la ira de Dios; porque escrito está: Mía es la venganza, yo pagaré, dice el Señor. Así que, si tu enemigo tuviere hambre, dale de comer; si tuviere sed, dale de beber; pues haciendo esto, ascuas de fuego amontonarás sobre su cabeza. No seas vencido de lo malo, sino vence con el bien el mal.

Romanos 12:19-21

De esta manera, pasarás de ofendido a vencedor, date la oportunidad de ser un vencedor. De no ser así, seguirás ofendido, no perdonarás y actuarás a favor del enemigo. Puedes dejar de ser un perdedor al vencer el mal con el bien.

LA RECOMPENSA DE DIOS

Amad, pues, a vuestros enemigos, y haced bien, y prestad, no esperando de ello nada; y será vuestro galardón grande, y seréis hijos del Altísimo; porque él es benigno para con los ingratos y malos. Sed, pues, misericordiosos, como también vuestro Padre es misericordioso. No juzguéis, y no seréis juzgados; no condenéis, y no seréis condenados; perdonad, y seréis perdonados. Dad, y se os dará; medida buena, apretada, remecida y rebosando darán en vuestro regazo; porque con la misma medida con que medís, os volverán a medir.

Lucas 6:35-38

Tal vez para ti sería algo grande comprar tu casa, un auto del año, tener un título universitario, que tus hijos anden en los caminos del Señor, tener paz, etc. Ahora, ¿qué sería algo grande para Dios? Él dice que nuestro galardón será grande si hacemos su voluntad. Ese galardón es más que suficiente, pues te acompañará por toda la eternidad. Dios te premiará aquí en la tierra y en el cielo.

LAS HERIDAS

Por lo general, lo que nos causa heridas son los golpes como mentiras, infidelidad, calumnias, envidias, celos, chismes, peleas, pleitos, etc. Los pleitos que surgen son por desacuerdos, falta de comunicación, desconfianza, corazón endurecido, irresponsabilidad. A veces, la irresponsabilidad en el matrimonio es mutua. Otras veces, alguno de los dos es demasiado exigente, se aparta de la realidad, o es demasiado perfeccionista, y no solo no avanza, sino que no deja que avancen los demás; no crece y no deja que el resto crezca. Los extremos no son buenos, sino que debe existir un equilibrio para que todo funcione, pues el desorden causará pleitos.

Cuando veas en tu vida algo fuera de orden, trata de resolverlo lo antes posible. De lo contrario, se establecerá en tu vida y cambiarlo luego costará muchísimo. En eso tienen que estar los dos de acuerdo para que ambos pongan su parte. Una cosa es entenderlo y otra es llevarlo a la práctica. Si tal vez fallaran durante quince años, no pretendan que lo cambiarán en una semana, llevará su tiempo. Entonces, ser tolerantes y maduros los ayudará poco a poco a alcanzar los objetivos que quieran lograr.

Todos pasamos por inmadurez. La madurez viene con los años. También todos pasamos por experiencias y golpes. De modo que la falta de respeto, la negligencia, la falta de iniciativa (cosas que ya no se tienen que repetir), causan problemas y pleitos, que después nos traen dolor, resentimiento, amargura, desánimo y todo tipo de dificultades. La idea es enfrentar los problemas con la Palabra del Señor. Allí encontraremos la solución para cada problema.

Las heridas se producen en el matrimonio cuando uno abusa de la bondad y saca ventajas del otro de manera inapropiada. También puede haber falta de respeto, humillación, insultos delante de otra persona o estando solos. A veces la esposa es el chiste del esposo, y eso está fuera de lugar. Somos seres humanos y es de lamentar que todo esto sea algo común. Ahora es el momento para identificar y corregir. Mientras más rápido lo hagamos, más pronto saldremos del problema y disfrutaremos la calma y más.

La idea es mejorar porque a fin de cuentas todo eso va causando heridas, dañando y agravando tu relación. Después le sumas otro y otro, y de pronto dañaste tu matrimonio porque no has sabido corregir y reconocer tus daños y tus faltas.

Ojo, no tienes que cambiar por la otra persona ni por tus hijos. Primero tienes que cambiar por el bien de ti mismo y todos saldrán beneficiados.

Si eres irresponsable, no esperes que el otro cambie para que tú dejes de ser un irresponsable. Tú tienes que cambiar para que así el otro también quiera cambiar. Cuando uno hace bien las cosas, el Señor sale en su defensa. Si yo soy un irresponsable y el otro sigue igual, no tengo nada de qué reclamarle al Señor porque sigo igual de todos modos. Si no comienzas a cambiar, no esperes que cambie el otro.

El cambio comienza cuando tú empiezas a cambiar. Si tú no cambias, nada cambiará. Lo mínimo que debes hacer es orar hasta que se resuelva el problema. Si el problema no se resuelve, es porque el problema está en ti. Sin embargo, cuando decides dejar tus errores y oras pidiendo la ayuda de Dios, Él te ayudará y mostrará lo que tienes que hacer. Si tú cambias y el otro no lo hace, no te preocupes, el Señor ve tu intención. De seguro que Dios le hará ver a la otra persona sus errores. No te encargues de la otra persona, encárgate de ti mismo, Dios se ocupará del otro. No puedes cambiar a la otra persona. Es absurdo creer que la puedes cambiar, nunca sucederá. A la única persona que puedes cambiar es a ti mismo. Dios es el que se encarga de cambiar a las personas, el mismo que se está encargando de cambiarte a ti.

Seamos sinceros, todos enfrentamos problemas y todo tiene solución. Es cuestión de orar y hacer lo que dice la Palabra de Dios. La oración tiene poder para cambiarte a ti y a tu cónyuge. La oración es poder, es activar el poder de Dios, verás cambios. Sé sincero con el Señor, pues Él lo ve todo. Perdona, Dios basó su Reino en el perdón. Decide perdonar, sanar tus heridas, y te darás cuenta que estás sano cuando ya no te duela lo que te hicieron.

JUNTOS PARA SIEMPRE

LA FE EN DIOS ES LA BASE DE TODO MATRIMONIO FELIZ

¿Cómo funcionará mi matrimonio? Cuando uno se casa, no sabe cómo le irá, aunque conozca «bien» a la persona, aunque haya tenido otro matrimonio y sea viudo. Eso no ayuda ni garantiza que el próximo será mejor, pues suelen empeorar a veces. Necesitamos aprender a vivir juntos a pesar de todas las diferencias que vayamos encontrando. Si necesitamos aprender, ¿quién nos va a enseñar? Necesitamos quien nos enseñe. Alguien que sepa de relaciones entre parejas, que conozca a mi esposa y a mí, que sea justo, sabio, amoroso, compasivo, que entienda mi pasado, comprenda mi presente y que ayude a formar nuestro futuro. Alguien imparcial. Por otro lado, un matrimonio para que funcione bien no depende (aunque tiene su importancia) de la cultura, el dinero, la educación, la inteligencia, la edad, la apariencia, etc. En todos los niveles sociales, económicos y culturales afloran los mismos problemas y necesitamos alguien que nos ayude.

Ojo, cada matrimonio es único, no hay dos iguales, así que necesitamos una ayuda personalizada. ¿Quién nos puede ayudar mejor que el Autor del matrimonio? Por eso no puedes dejar a Dios fuera de tu relación. Lo mejor para tu matrimonio es tener la guía adecuada y para eso Él es el mejor guía. Tu fe en Dios te llevará a establecer las bases apropiadas que harán que tu matrimonio alcance la felicidad anhelada por cada pareja. Todo matrimonio puede ser feliz. Créele a Dios.

ACERCA DEL AUTOR

Marco Cueto, pastor y conferenciante, nació en Lima, Perú. En 1978, a los veintiún años de edad, conoció a Cristo en Ciudad de Guatemala. De inmediato, comenzó a estudiar Teología y abandonó sus estudios de Economía, sabiendo que Dios lo llamaba a predicar su Palabra. Fue director del Departamento de Misiones Hispanas para la CBSINY, director del Programa Radial «Dios habla Hoy», y profesor del Centro de Entrenamiento Bíblico. En 1985, contrajo matrimonio con Blanca Cueto en la ciudad de Nueva Jersey, y comienza a tiempo completo como pastor de una nueva obra. En 1991, Dios lo mueve al campo de la evangelización donde le permite viajar por diferentes países y ministrar en muchas iglesias de distintas denominaciones e idiomas. En 1995, inicia las Conferencias sobre la Familia, desarrollándolas en hoteles, iglesias y lugares públicos.

En 1997, el pastor Cueto, ferviente en su compromiso con Dios y obediente a su llamado, se traslada con su familia a California donde Dios le prometió cumplir la visión que le puso inicialmente en su corazón. En 2005, comienza a pastorear la Iglesia del Buen

Pastor en Santa Ana, California. Su mayor anhelo es ver a miles y millones de hombres, mujeres, ancianos, niños y familias enteras venir a los pies de Jesús, y ver una iglesia sana y victoriosa que espera el encuentro con nuestro Señor Jesucristo.

El mensaje del pastor Cueto comunica la revelación que el Espíritu de Dios le ha dado en la Palabra. Con su estilo personal, y con la gracia que le ha dado Dios, te lleva al compromiso. A la misma vez, te hace sonreír a través de la confrontación y exhortación más fuerte. Con un énfasis muy propio y a través de un lenguaje sencillo y profundo, expone sus temas favoritos: La familia, fe, restauración, prosperidad, liderazgo, integridad, entre otros. Sus mensajes son siempre actuales y prácticos, y llevan a la audiencia a entender que la Palabra de Dios es de uso diario.

El pastor Marco Cueto recibió sus estudios académicos, reconocimientos y credenciales de las siguientes instituciones educativas:

- Universidad de Inca Garcilaso de la Vega en Lima, Perú: Carrera de Economía
- Centro de Entrenamiento Bíblico El Calvario en Guatemala: Credencial Pastoral
- Seminario Teológico Bautista del Sur en Nueva York: Licenciatura en Teología
- Doctorado en Teología Práctica del *Hope International Seminary of Theology*

En la actualidad, dicta conferencias y clases en diferentes seminarios en toda la nación estadounidense. Reside con sus hijos en la ciudad de Tustin, California, y es parte instrumental de la pastoral en Los Ángeles, California.